Les essentielles ERMEL CP

CYCLE 2

Fabienne Emprin-Charotte
Professeure des écoles - maître formateur

CAHIER DE L'ÉLÈVE

Hatier

À l'équipe ERMEL,
aux membres de l'équipe de rédaction des *Essentielles ERMEL CP* pour leur confiance, leur analyses expertes,
aux élèves et plus spécialement à ceux dont les besoins spécifiques amènent, sans cesse, à réfléchir, inventer et se remettre en cause.
Je souhaite que cet ouvrage invite les collègues, en particulier ceux entrant dans la profession, à oser des séances où leurs élèves découvrent, cherchent, expliquent, confrontent, afin d'accéder afin d'accéder aux concepts mathématiques essentiels à leur vie future.

ÉDITION : Annabelle Biau-Weber
RESPONSABLE D'ÉDITION : Corinne Caraty
PRINCIPE MAQUETTE : Camille Rouxel
MISE EN PAGE : Christine Paquereau
ILLUSTRATIONS : Nicolas Haverland
ICONOGRAPHIE : Hatier

ISBN : 978-2-401-00029-2

Présentation du cahier

Le cahier *Les essentielles* ERMEL CP répond à plusieurs objectifs.

- Pour l'élève : un cahier qui lui appartient dans lequel il écrit, cherche et s'entraine et qui constitue un lien avec les parents.
- Pour l'enseignant : un cahier qui s'articule avec l'ouvrage *Les essentielles d'* ERMEL CP, permettant ainsi de gagner du temps de préparation et de remplacer de nombreuses photocopies souvent difficiles à gérer en CP.
- Aussi bien pour l'élève que pour l'enseignant, ce cahier constitue également un support qui garde trace de l'évolution de l'élève et permet d'évaluer ses acquisitions.

LA STRUCTURE

Le cahier est organisé en **5 périodes de 3 quinzaines chacune**.
Pour chaque période, l'organisation des *essentielles* ERMEL CP est conservée : les situations essentielles sont regroupées en début de période et les activités d'accompagnement des 3 quinzaines de la période sont placées ensuite. Chaque période est différenciée par la couleur.
Une proposition de répartition des activités d'accompagnement pour chacune des périodes est présentée dans l'ouvrage *Les essentielles* ERMEL CP. Toutefois, l'enseignant est libre de modifier l'ordre dans lequel elles vont être effectuées. Ainsi, en période 2, la situation LA BOITE NOIRE (quinzaine 4, p. 25 à 27) peut être suivie des activités d'accompagnement LES DÉS et LES PISTES COLORIÉES (pages 35 à 38), avant la situation essentielle de la quinzaine suivante LE NOMBRE-CIBLE (pages 28 à 30).
Des outils à disposition de l'élève et de l'enseignant sont présents à la fin du cahier en annexes et dans les pages de matériel (p. 122 et suivantes).

L'ORGANISATION DES PAGES

Un coin de couleur facilite le repérage des périodes et contient les informations utiles à l'enseignant :

- le nom de la situation ou de l'activité d'accompagnement avec l'intitulé de la phase ou l'objectif principal ;
- les références aux pages correspondantes des deux ouvrages *Les essentielles* ERMEL CP et ERMEL CP.

Une marge, présente sur chaque page, permet à l'élève et à l'enseignant d'annoter le travail.

Une zone de date permet d'indiquer le jour où la page est réalisée et ainsi de repérer l'avancement dans l'année.

Chaque activité comprend **une consigne précise avec, en gras, l'action** à réaliser.

Des zones de recherche permettent à l'élève d'écrire, dessiner mais surtout essayer, chercher.

Des zones « Mémoire » ou « Trace », lignées ou non, permettent à l'élève d'écrire ou de coller ce qu'il a appris durant la séance.

Les outils à disposition de l'élève pour pouvoir réaliser l'activité (calculette, bande numérique, tableau des nombres, piste...) sont indiqués dans la marge sous forme de dessins ou de renvois aux pages annexes et matériel.

Par exemple, pour la calculette : 

Un macaron bleu, pour les pages d'activités d'accompagnement, explique à l'élève et aux parents ce qui est travaillé. Quand ces explications risqueraient de donner trop d'informations aux élèves sur la tâche à réaliser, le macaron n'est pas présent.

Un onglet de couleur pour repérer rapidement la période

Le nom de la situation

Les références aux *Essentielles* et à *ERMEL*

PÉRIODE 3
SITUATION ESSENTIELLE P.96
• Jeu de portraits
ERMEL P.288

Le jeu du château

Zone Date

Date : ____________________

1 **Barre** les nombres qui ne conviennent pas.

Je pense à un nombre de la famille des 50 :

25 | 5 | 43 | 56 | 38

Des repères de couleur pour désigner rapidement à l'élève quel exercice est traité

Je pense à un nombre de la famille des 80 plus grand que 84 :

48 | 80 | 86 | 46 | 88 | 8

2 **Écris** la famille des 40 en chiffres.

____

Une marge pour les annotations de l'enseignant ou de l'élève

3 **Écris** la famille des 60 en chiffres.

____

Des consignes précises avec l'action en gras

4 **Colorie** de la même couleur les nombres de la même famille.

53	42	67	52	40	63	56	65	44	50
69	48	32	47	31	46	37	58	38	55
39	43	60	23	36	33	35	64	61	45

Des zones pour que l'élève écrive ou colle une trace écrite photocopiée

Mémoire

Écris les questions qui nous ont permis de trouver le nombre ____ .

____

____

quarante-neuf 49

Quelques conseils d'utilisation pour l'enseignant

La démarche de l'équipe ERMEL est basée sur la résolution de problèmes. Mais l'apprentissage nécessite également le réinvestissement des connaissances dans un autre cadre et des entrainements.

Ce cahier :

- permet à l'élève de CP de conduire sa recherche et de produire sa solution lors des situations *essentielles* ;
- l'accompagne après la mise en place, en classe, des situations *essentielles*.

Il permet une autonomie indispensable pour les classes à plusieurs niveaux et favorise la mise en place de temps de différenciation.

LES TRACES ÉCRITES ET MÉMOIRES

Le rôle d'un cahier est également de se rappeler ce qui est fait en classe et ce qui a été appris. Aussi, nous avons introduit des zones « Trace » et « Mémoire » : une zone « Trace » quand il s'agit de conserver ce qui a été produit lors des mises en commun ; une zone « Mémoire » quand il s'agit d'un savoir généralisable.

L'enseignant pourra soit faire recopier ce qui a été produit lors de la mise en commun, soit fournir à l'élève un document qu'il collera à l'emplacement prévu, en particulier en début d'année. Ce document peut être une photo du tableau ou un court texte écrit par l'enseignant, par exemple.

DES EXERCICES VARIÉS

- Un de nos enjeux est d'amener les élèves à réfléchir et à se questionner ; c'est pourquoi nous avons diversifié les consignes et les types d'exercices. L'entrainement vise à stabiliser une connaissance et non à simplement prendre appui sur un support qui inciterait l'élève à répondre « par habitude », sans avoir réfléchi au problème.
- Des consignes sont proposées, toutefois, l'enseignant pourra choisir de les changer en fonction de l'habileté des élèves et du temps qu'il peut consacrer à l'activité. Par exemple, p. 9, faire colorier 14 carrés verts ■ peut être long pour certains élèves. L'enseignant pourra alors demander d'entourer 14 carrés (□) ou de cocher ces 14 carrés ☒.
- Certains exercices peuvent être adaptés par l'enseignant en choisissant les nombres en jeu (un fond gris permet de repérer où se font les adaptations).

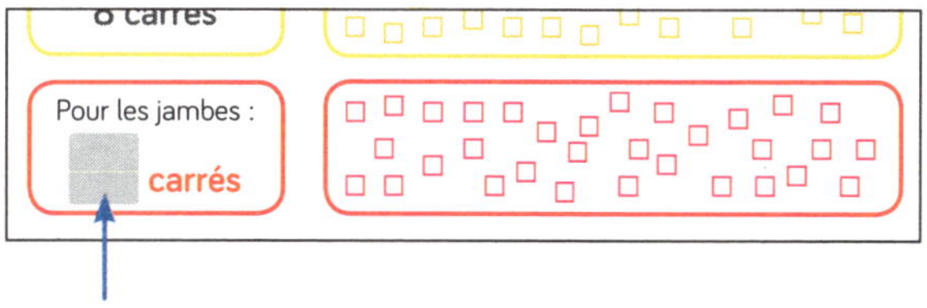

DES RESSOURCES NUMÉRIQUES COMPLÉMENTAIRES POUR LES ENSEIGNANTS ET LES ÉLÈVES

Des exercices complémentaires pour tablette sont disponibles sur l'application Tinytap (http://www.tinytap.it sur Appstore, Google store recherche : ERMEL). Les enseignants qui souhaitent utiliser ces outils numériques comme les ordinateurs ou les tablettes trouveront dans les CD-Rom accompagnant *les Essentielles* un mode d'emploi pour l'application Tinytap.

Sommaire

Mise en œuvre de l'activité d'accompagnement

Prolongement de l'activité d'accompagnement

PÉRIODE 3			PÉRIODE 4			PÉRIODE 5		
Quinzaine 7	**Quinzaine 8**	**Quinzaine 9**	**Quinzaine 10**	**Quinzaine 11**	**Quinzaine 12**	**Quinzaine 13**	**Quinzaine 14**	**Quinzaine 15**
LE JEU DU CHÂTEAU	MAISONS À CONSTRUIRE	MONNAIE	LE JEU DU BANQUIER	LES FOURMILLIONS	CARRELER UNE PIÈCE	LE NOMBRE-CIBLE DES DIZAINES	CARRELER UNE MAISON	ROLLERS
Phase 0 - P.91	Phases 1 et 2 - P.103 - P.50	Phase 1 - P.109 - P.52	Phases 0 et 1 - P.138	Ph. 1 et début Ph. 2 - P.147 - P.71	Phase 1 - P.156 - P.75	Phase 1 - P.172 - P.93	Phase 1 - P.181 - P.98	Phase 3 - P.192 - P.101
Phase 1 - P.93 - P.45-47	Phase 3 - P.105 - P.51	Phase 2 - P.111 - P.53	Phases 2 et 3 - P.139 - P.67-70	fin Phase 2 - P.148 - P.72-73	Phase 2 - P.157	Phase 2 - P.174	Phase 2 - P.183 - P.99	Phase 2 - P.193 - P.102
Phase 2 - P.43 - P.48		Phase 3 - P.112 - P.54		Phase 3 - P.150 - P.74	Phase 3 - P.157 - P.76-77	Phase 3 - P.174 - P.94-95	Phase 3 - P.184 - P.100	Phase 3 - P.194 - P.103-106
		Phase 4 - P.113				Phase 4 - P.175 - P.96-97		
	Comptine de 10 en 10				LA SUITE ÉCRITE DE 10 EN 10 - P.166 - P.91	Comptine de 10 en 10		
					DES CHIFFRES ET DES NOMBRES P.90			
ENTRAINEMENT LE JEU DU CHATEAU P.49					LES FOURMILLIONS (augmentation des collections) P.150 - P.109-110			
						LE DICTIONNAIRE DES NOMBRES P.199 - P.107-108		
			PISTE NUMÉRIQUE + ET – P.162 - P.78-82					
MINI-YAM P.124 - P.55-56	Mini-yam (calcul mental)							
CARTES RECTO-VERSO P.125 - P.57								
Loto additif						LOTO DES DIZAINES P.200 - P.112		
	LABYNOMBRES 1 ET 2 P.126 - P.58			LABYNOMBRE 3 P.166 - P.83			LABYNOMBRE 4 P.202 - P.115-116	
	PATCHWORKS 1 ET 2 P.127 - P.61			PATCHWORK 3 P.166 - P.84			PATCHWORK 4 P.202 - P.117	
		HEXANOMBRE 1 P.126 - P.62			HEXANOMBRE 2 P.166 - P.87			HEXANOMBRE - P.118 PUZZLE - P.121
					AVEC LA CALCULETTE P.74 - P.89, P.92	PETITS PROBLÈMES AVEC LA CALCULETTE P.74 - P.111		TABLE D'ADDITIONS P.202 - P.113-114
	LA BERGERIE P.127 - P.59-60	CACHE-CACHE P.129 P.63-64 / LA PARTIE DE BILLES P.129 - P.65		PROBLÈMES + ET – À ÉNONCÉS P.165 - P.85-86			L'AUTOCAR P.200 - P.119	
					LE PROBLÈME PEUT-IL ÊTRE RÉSOLU ? P.165 - P.88, P.120			
		LA SORTIE EN TANDEM P.129 - P.66						

En majuscules : activité du cahier décrite dans les « Essentielles »
En minuscules : activité décrite dans les « Essentielles » dans le référent ERMEL CP

En noir : page des « Essentielles »
En couleur : page du cahier

Le robot

Date :

Trace

Colle ici ce que la classe a fait dans la situation « Robot ».

Commande les carrés de chaque couleur pour compléter le robot.

Pour la tête : ....

Pour le corps : ....

Pour les bras : ....

Pour les jambes : ....

Le robot

Date : ______________________

1 Voici une commande. **Colorie** les carrés demandés.

Pour la tête :
14 carrés

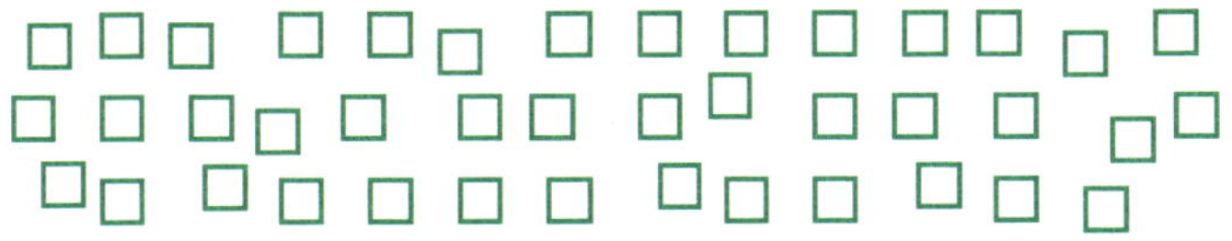

Pour le corps :
19 carrés

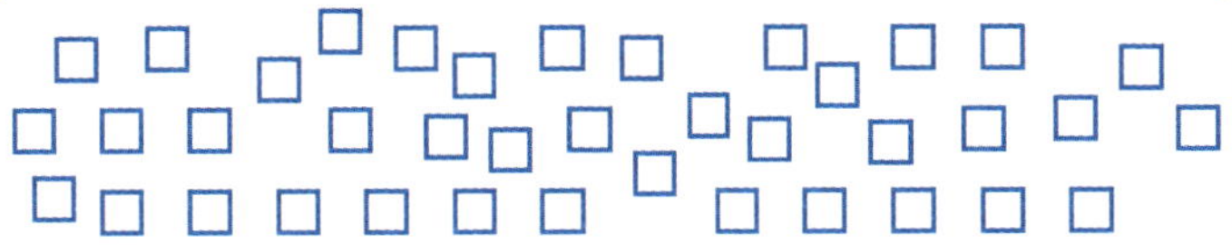

Pour les bras :
8 carrés

Pour les jambes :
carrés

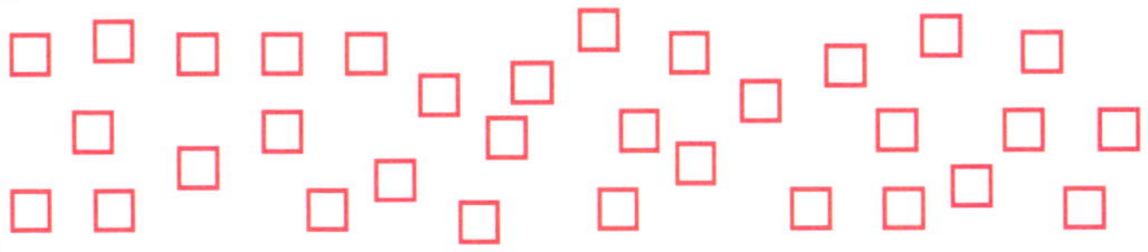

2 Voici une commande. **Dessine** les carrés demandés.

Pour la tête :
9 carrés

Pour le corps :
17 carrés

Pour les bras :
12 carrés

Pour les jambes :
carrés

PÉRIODE 1
SITUATION ESSENTIELLE P.22
• S'approprier les règles
ERMEL P.70

Les boites alignées

Date : ______________________

1 Peux-tu prendre la boite ?
Entoure la bonne réponse.

Règle Tu gagnes une boite si tu as moins de billes dans la boite que de points sur le dé.

OUI

NON

OUI

NON

OUI

NON

OUI

NON

2 Le dé indique . **Entoure** toutes les boites que tu peux prendre.

Les boites alignées

Date : ....

Règle Tu n'as le droit de prendre une boite que si elle contient moins d'objets que le nombre indiqué par la carte.

1 La carte indique 2. **Entoure** toutes les boites que tu peux prendre.

La carte indique 5. **Entoure** toutes les boites que tu peux prendre.

La carte indique 6. **Entoure** la boite que tu dois prendre pour jouer le mieux possible.

La carte indique 7. **Entoure** la boite que tu dois prendre pour jouer le mieux possible.

2 Coralie ne peut rien prendre. Quelle carte a-t-elle tirée ?

Écris-la : ....

Les mosaïques

Date :

Va chercher juste ce qu'il faut de gommettes pour compléter la mosaïque.

J'utilise les gommettes à la fin de mon cahier.

Colle ici les gommettes en trop :

Les mosaïques

Date : ______________________

Tu dois terminer ta mosaïque. **Remplis** le bon de commande pour avoir juste ce qu'il te faut. Puis **colle**, sur ta mosaïque, les gommettes que tu as commandées.

J'utilise les gommettes à la fin de mon cahier.

Colle ici les gommettes en trop :

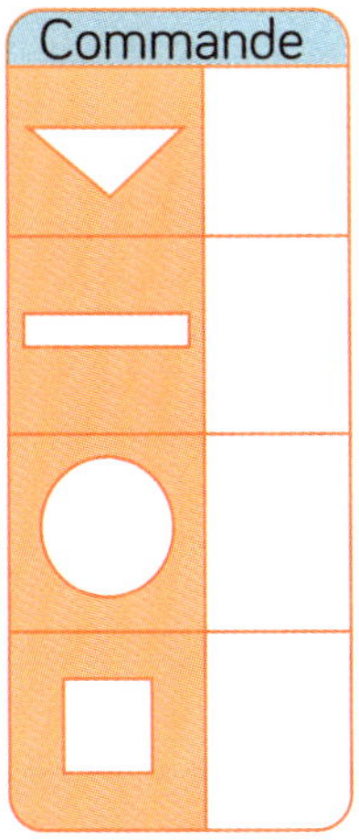

Mémoire

Pour faire une commande correcte, il faut :

____

____

Les mosaïques

Date :

Commande les gommettes qu'il te faut pour remplir les camions.

J'utilise les gommettes à la fin de mon cahier.

Je commande .... gommettes.

Colle ici les gommettes en trop :

Les constellations

Date : ____________________

Je m'entraine à reconnaitre les nombres.

1 **Relie** les dés, les cartes à jouer et les cartes-nombres.

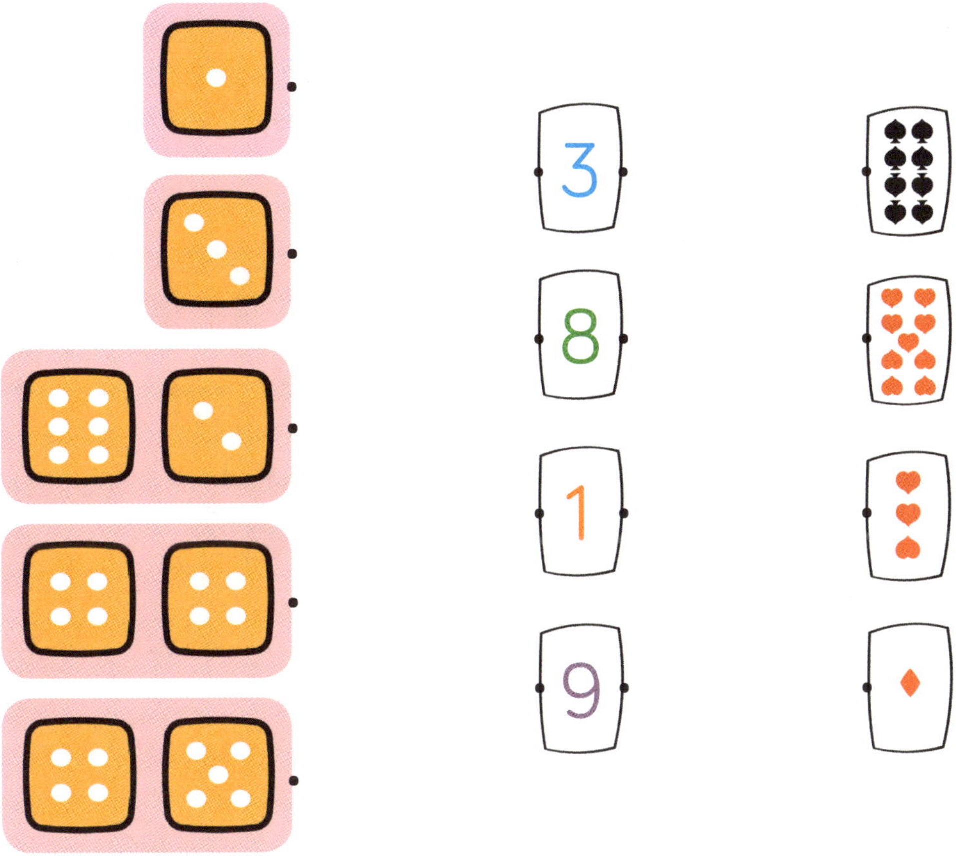

2 **Dessine** les points du dé.

PÉRIODE 1
- ACTIVITÉS D'ACCOMPAGNEMENT P.41
• La reconnaissance des constellations
- ERMEL P.280

Les collections de dessins

Date : ....

Je m'entraine à trouver le nombre.

1 **Écris** combien il y a de trousses, de cartables et de crayons.

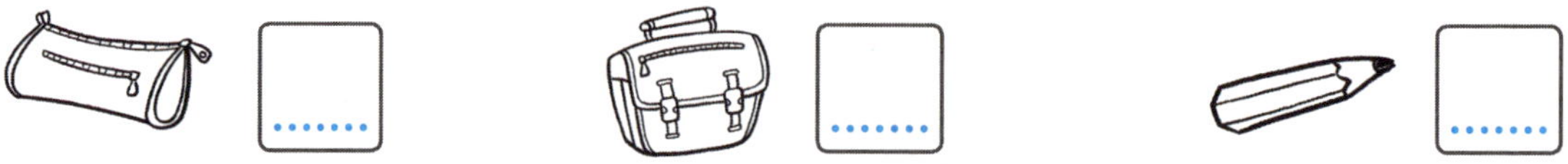

2 **Coche** en rouge 18 ronds (X), en bleu 25 ronds (X) et en noir 11 ronds (X).

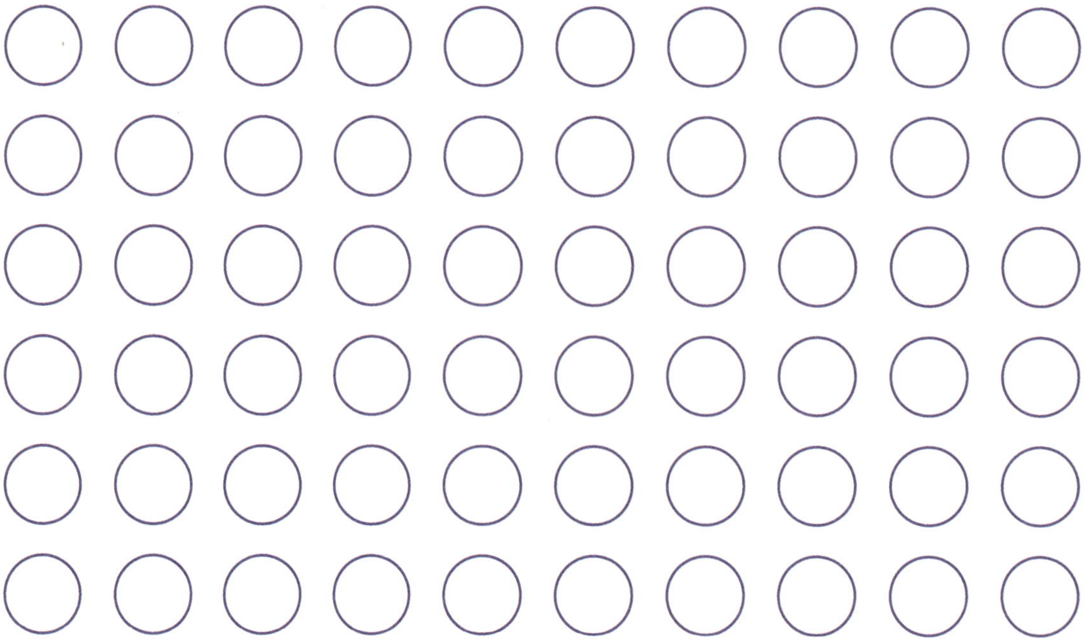

PÉRIODE 1
- ACTIVITÉS D'ACCOMPAGNEMENT P.41
- ERMEL P.54

Les collections d'objets

Date : ____________________

Je m'entraine à constituer une collection.

1 **Dessine** 15 ronds rouges, 7 ronds bleus et 29 ronds verts.

2 **Entoure :**

→ 5 bus

→ 10 planètes Terre

→ 6 oiseaux

→ 21 avions

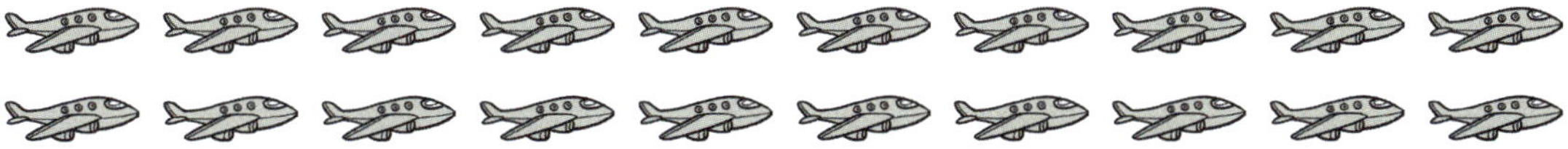

→ 13 pommes

→ 11 soleils

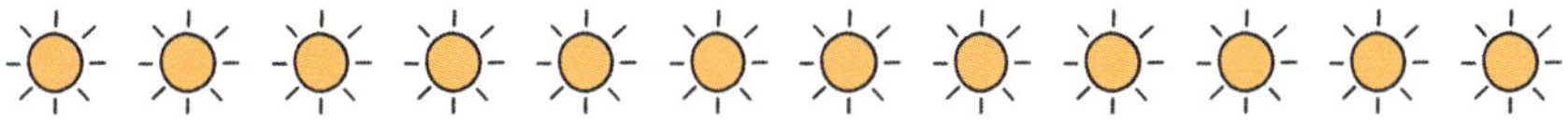

→ 16 enveloppes

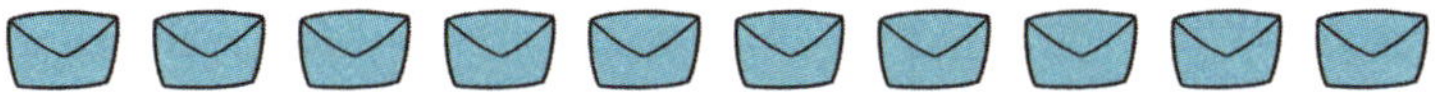

ACTIVITÉS D'ACCOMPAGNEMENT P. 40
ERMEL P. 280

La corde à linge

Date : ____________________

Je m'entraine à écrire la suite des nombres.

1 **Dessine** les cartes-nombres au bon endroit sur la corde à linge.

2 **Écris** la suite des nombres.

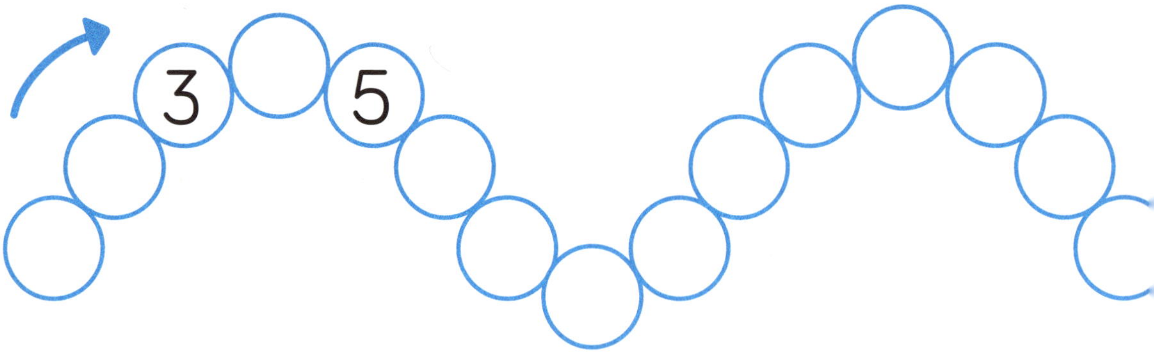

3 **Écris** la suite des nombres à l'envers.

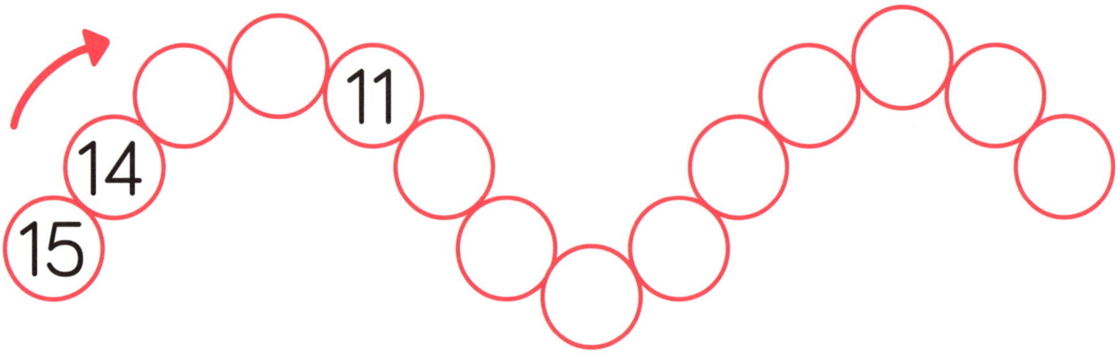

PÉRIODE 1

- ACTIVITÉS D'ACCOMPAGNEMENT P. 40
- ERMEL P. 280

La suite écrite

De 1 en 1, de 2 en 2

Date : ____________________

Je m'entraine à écrire la suite des nombres.

1 **Complète** les bandes numériques.

3	4	5	.....	.....	.....	9	.....	.....	12	13	14	15
9	10	11	.....	.....	.....	15	16	17	.....	.....	.....	.....
.....	.....	.....	9	10	11	.....	.....	.....	.....	.....	.....	18
.....	6	.....	.....	.....	.....	.....	12	.....	.....	.....	.....	.....

2 **Écris** les nombres de 2 en 2 à partir de 1. Va le plus loin possible.

1 3 ____________________

3 **Écris** les nombres de 2 en 2 à partir de 2. Va le plus loin possible.

2 4 ____________________

4 **Trace** un chemin qui va du plus petit nombre au plus grand.

2 35 29 24

7 19 17 12

Jeu sur piste

Date : ....

Tu peux jouer sur la piste à la fin de ton cahier.

1	2	3	4	5	6	7	8	9	10	11	12
											13
	24	23	22	21	20	19	18	17	16	15	14
	25										

Je m'entraîne à me déplacer sur une piste.

1 **Écris** le nombre de la case d'arrivée.

Place ton pion sur	Tu avances de	Tu arrives sur
3		....
7		....
13		....
20		....

2 **Écris** le nombre de la case d'arrivée.

Place ton pion sur	Tu avances de	Tu arrives sur
6		....
7	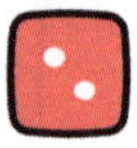	....
15		....
19	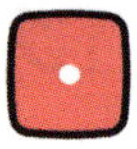	....

Batailles

Date : ____________________

Je m'entraine à comparer.

1 Chaque joueuse tire une carte. Pour chaque partie, **entoure** la carte gagnante.

Zoé	Ophélie
	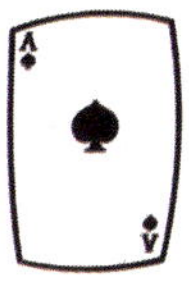

9	11
6	9

2 **Joue** avec ton camarade. **Écris** les résultats des deux joueurs sur ton cahier. **Entoure** le nombre gagnant.

Joueur 1 :	Joueur 2 : ....

La suite écrite

De 1 à 55

Date : ____________________

Je connais la suite des nombres.

Je peux utiliser ma bande numérique.

1	2	3	4

1 **Relie** les nombres dans l'ordre pour obtenir un dessin.

2 **Écris** chaque fois le nombre qui vient juste avant et celui qui vient juste après.

→	◯	7	◯	★	◯	28	◯
→	◯	3	◯	★	◯	5	◯
→	◯	12	◯	★	◯	18	◯
→	◯	21	◯	★	◯	20	◯
→	◯	30	◯	★	◯	44	◯
→	◯	19	◯	★	◯	49	◯

La réussite

Date : ....

Je m'entraine à écrire la suite des nombres.

1 Voici 3 débuts de réussite.
Entoure la carte que tu vas remplacer par la carte que tu viens de tirer.

2 Je me suis trompé dans mes réussites : **entoure** mes erreurs.

3 J'ai gagné ! **Écris** les nombres qui se trouvent sur les cartes.

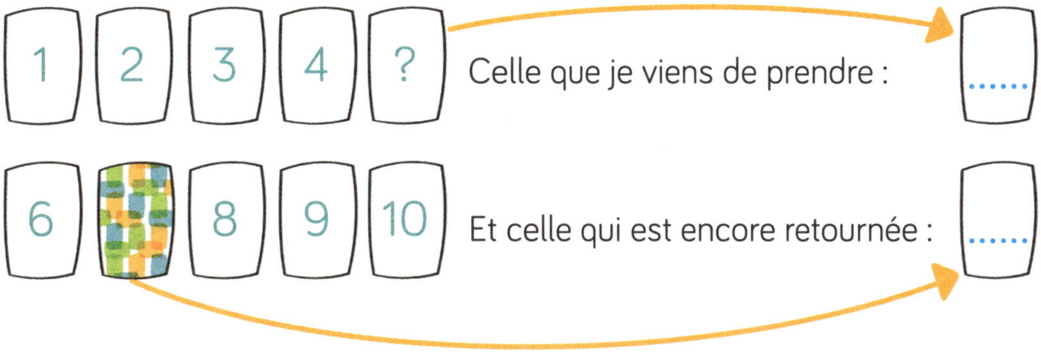

ACTIVITÉS D'ACCOMPAGNEMENT P. 42
ERMEL P. 138

Greli-grelo

Date : ....

Je m'entraine à rassembler des quantités.

Nous avons joué à Greli-Grelo.
Combien d'objets y a-t-il dans ces mains ?

....

....

....

....

PÉRIODE 2
SITUATION ESSENTIELLE P.51
• Recherche de l'état final, la transformation est positive
ERMEL P.137

La boite noire

Date : ______________________

Je peux utiliser ma bande numérique.
1 2 3 4

1 **Complète** la phrase.

La boite est vide.

- Nous mettons 4 jetons dans la boite.

- Nous mettons encore 3 jetons dans la boite.

- Maintenant il y a .... jetons dans la boite.

2 **Complète** la phrase.

La boite est vide.

- Nous mettons 7 jetons dans la boite.

- Nous mettons encore 2 jetons dans la boite.

- Maintenant il y a .... jetons dans la boite.

3 **Complète** les phrases.

Nous avons mis 6 jetons dans la boite.
Nous avons mis encore 4 jetons dans la boite.
Maintenant il y a .... jetons dans la boite.

Nous avons mis 12 jetons dans la boite.
Nous avons mis encore 2 jetons dans la boite.
Maintenant il y a .... jetons dans la boite.

La boite noire

Date : ....

1 **Complète** la phrase.

Je peux utiliser ma bande numérique.
1	2	3	4

La boite est vide.

- Nous mettons 11 jetons dans la boite.

- Nous enlevons 4 jetons de la boite.

- Maintenant il y a .... jetons dans la boite.

2 **Complète** les phrases.

Nous avons mis 8 jetons dans la boite.
Nous avons enlevé 3 jetons de la boite.
Maintenant il y a .... jetons dans la boite.

Nous avons mis 9 jetons dans la boite.
Nous avons mis encore 2 jetons dans la boite.
Maintenant il y a .... jetons dans la boite.

Nous avons mis 12 jetons dans la boite.
Nous avons enlevé 2 jetons de la boite.
Maintenant il y a .... jetons dans la boite.

Nous avons mis 19 jetons dans la boite.
Nous avons mis encore 5 jetons dans la boite.
Maintenant il y a .... jetons dans la boite.

PÉRIODE 2
SITUATION ESSENTIELLE P.54
• Problèmes de recherche de la transformation (positive)
ERMEL P.137

La boite noire

Date : ____________________

1 **Complète** la phrase.

Je peux utiliser ma bande numérique.
1 2 3 4

La boite est vide.

● Nous mettons 5 jetons dans la boite.

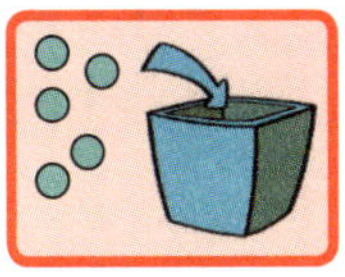

● Nous mettons encore .... jetons dans la boite.

● Maintenant il y a 7 jetons dans la boite.

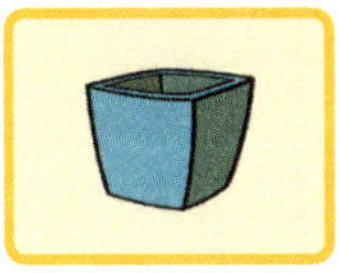

2 **Complète** les phrases.

Nous avons mis 8 jetons dans la boite.
Nous avons mis encore .... jetons dans la boite.
Maintenant il y a 12 jetons dans la boite.

Nous avons mis 19 jetons dans la boite.
Nous avons mis encore 5 jetons dans la boite.
Maintenant il y a .... jetons dans la boite.

Nous avons mis 10 jetons dans la boite.
Nous avons mis encore .... jetons dans la boite.
Maintenant il y a 16 jetons dans la boite.

Nous avons mis 15 jetons dans la boite.
Nous avons mis encore .... jetons dans la boite.
Maintenant il y a 20 jetons dans la boite.

Nous avons mis 15 jetons dans la boite.
Nous avons enlevé 4 jetons de la boite.
Maintenant il y a .... jetons dans la boite.

Le nombre-cible

Date : ....

Règle Pour gagner, tu dois atteindre le nombre-cible avec 3 nombres (entre 1 et 6).

Écris la cible puis les nombres que tu as choisis.

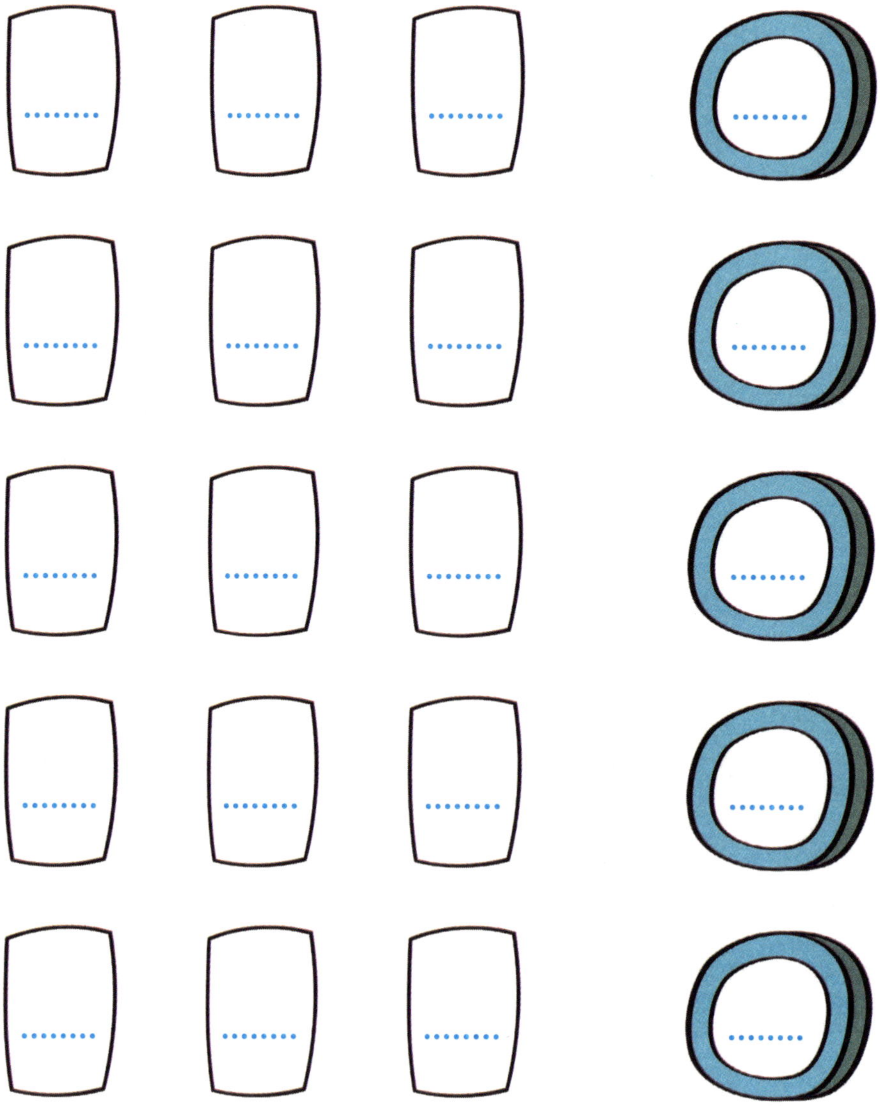

Mémoire

Écris les différentes façons de faire 10 que nous avons trouvées en jouant au nombre-cible.

PÉRIODE 2

SITUATION ESSENTIELLE P.66

• Parties simulées

ERMEL P.147

Le nombre-cible

Date : ____________________

Complète les jeux pour atteindre la cible.

2	6	4	12
4	6	....	15
4	....	....	16
5	....	....	12
....	....	....	9
....	....	....	8

Le nombre-cible

Date : ______________________

Règle Pour gagner, tu dois atteindre le nombre-cible avec 3 nombres (entre 1 et 6).

1 **Entoure** les jeux pour lesquels les élèves se sont trompés.

				Cible
→	5	5	5	10
→	5	5	5	15
→	2	2	2	6
→	4	3	4	11
→	6	5	6	18
★	2	3	5	10
★	1	2	3	4
★	1	2	3	6
★	4	5	2	12
★	6	6	2	14

2 **Barre** le ou les nombres qu'il ne faut pas utiliser pour atteindre la cible (cartes ?).

				Cible						
→	6	?	?	9	1	2	3	4	5	6
→	1	?	?	7	1	2	3	4	5	6
→	6	?	?	18	1	2	3	4	5	6

Calculette

Date :

1 **Dessine :**

- la touche qui met **en marche** ta calculette :
- la touche qui **éteint** ta calculette :
- la touche qui **efface l'écran** de ta calculette :
- les touches que tu as utilisées pour écrire 34 sur l'écran :

2 **Dessine** ta calculette.

Mémoire

Écris ce que nous avons découvert sur la calculette.

Calculette

Date : ______________________

1 **Complète** en utilisant ta calculette.

J'utilise ma calculette.

La boite est vide.

- Je mets 24 jetons dans la boite.
- Je mets encore 13 jetons dans la boite.
- Maintenant il y a .... jetons dans la boite.

Dessine les touches que tu as utilisées.

2 **Trouve** le nombre-cible en utilisant la calculette.

Dessine les touches que tu as utilisées.

3 **Affiche** 23 sur ta calculette sans utiliser les touches **2** et **3**.
Dessine les touches que tu as utilisées pour que ton camarade puisse le refaire.

4 **Affiche** un nombre plus grand que 10 se terminant par 8 sur ta calculette sans utiliser la touche **8**.
Dessine les touches que tu as utilisées pour que ton camarade puisse le refaire.

La réussite

Avec des nombres plus grands

Date : ______________________

Je connais la suite écrite des nombres.

1 Je me suis trompée en plaçant les cartes de mes réussites.
Entoure mes erreurs.

2 J'ai gagné à ce jeu de la réussite. **Écris** les nombres qui se trouvent sur les cartes.

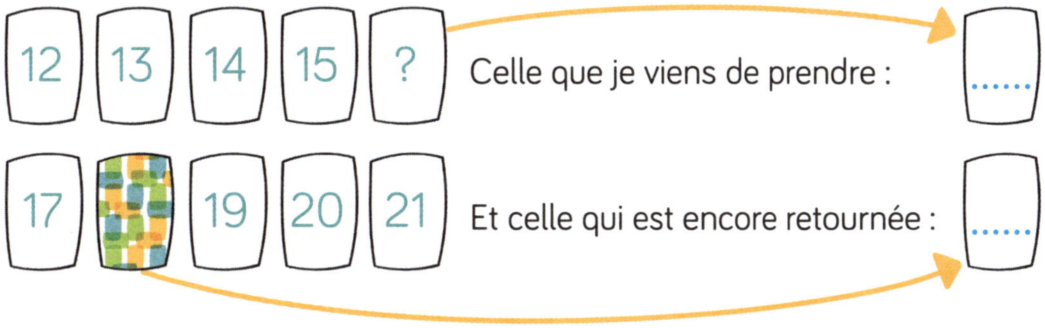

3 Je viens de placer ma première carte et de retourner la deuxième.
Est-ce que j'ai déjà perdu ?
Entoure la bonne réponse.

OUI
NON

OUI
NON

ACTIVITÉS D'ACCOMPAGNEMENT P.80
• Feuille de jeu
ERMEL P.139

Les dés

Avec des constellations

Date : ______________________________

Je m'entraine à calculer avec des points.

Remplis les dés et **écris** le nombre de points obtenus.
Entoure le gagnant de chaque partie.

Règle Chaque joueur lance 2 dés et gagne autant de points que sur les dés.
Le gagnant est celui qui a le plus de points.

Joueur 1		Joueur 2	
Dés	Total	Dés	Total
	....		....
	....		....
	....		....
	....		....
	....		....
	....		....
	....		....

PÉRIODE 2
ACTIVITÉS D'ACCOMPAGNEMENT P. 80
• Jeux arrêtés
ERMEL P. 139

Les dés

Avec des constellations

Date : ____________________

Je m'entraine à calculer avec des points.

Voici la feuille d'un groupe.
Écris ce qui manque. **Entoure** le gagnant.

Joueur 1 : Grégory		Joueur 2 : Yili	
Dés	Total	Dés	Total
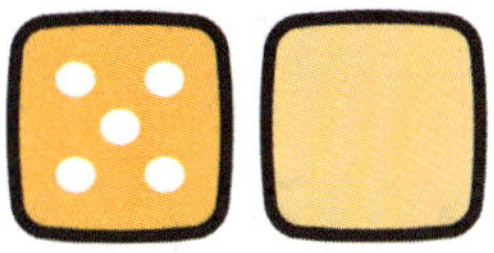	9	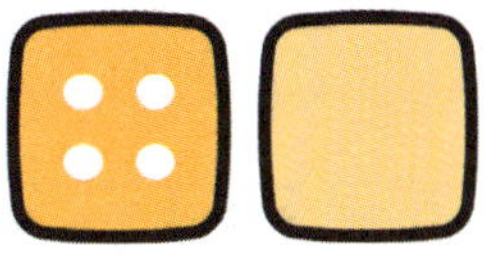	5
	....		....
	....		....
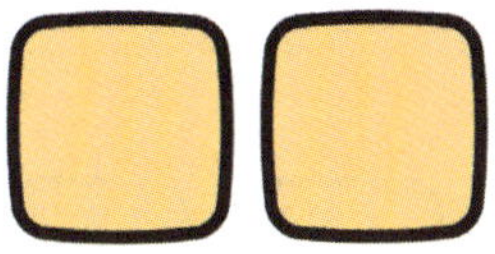	2	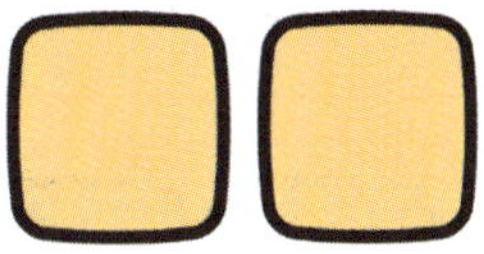	3
	8	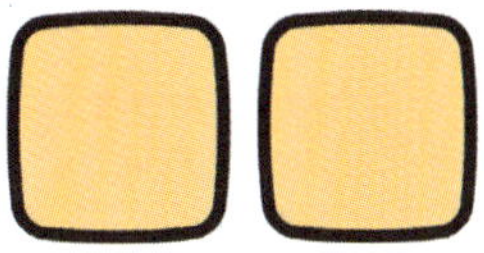	9
	....	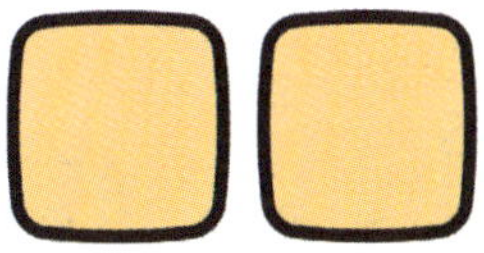	....
	....	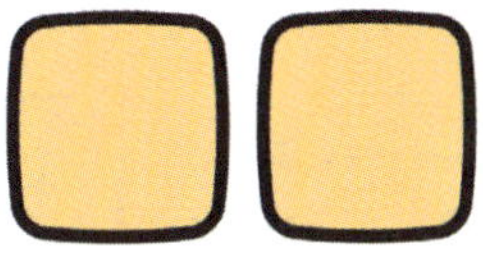	....

Les dés

Avec des chiffres

Date : ....

Je trouve des stratégies pour éviter le comptage.

1 Voici la feuille d'un groupe. **Écris** ce qui manque. **Entoure** le gagnant.

Joueur 1 : Mila		**Joueur 2 :** Léo	
Dés	Total	Dés	Total
⚃ 5	....	⚂ 4	....
6 ⚁	....	⚃ 4	....
5 3	....	1 6	....
	11		10
	11		12

2 **Entoure** de la même couleur les tirages qui font le même total.

5 ⚁ — 5 ⚅ — ⚀ ⚅ — ⚁ ⚃ — 2 2

4 ⚂ — 4 1 — ⚅ (dé vide) — 6 5 — ⚂ ⚅

5 5 — ⚁ ⚂ — 3 3 — 6 ⚃ — 4 5

PÉRIODE 2
ACTIVITÉS D'ACCOMPAGNEMENT P. 81
• Du jeu aux parties simulées
ERMEL P. 141

Les pistes coloriées

Sur la piste

Date : ______________________

Je m'entraine à repérer sur la bande numérique.

Je peux utiliser ma bande numérique.

1	2	3	4

1 Voici 3 lancers. Pour chaque lancer, **colorie** la piste d'une couleur différente.

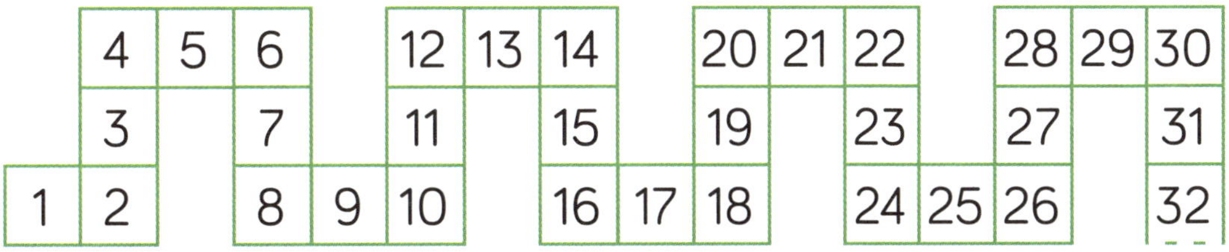

2 Je suis sur la case 21. Pour chaque lancer, **colorie** la piste d'une couleur différente. **Écris** le nombre de la case sur laquelle je suis arrivée.

Voici mes lancers :

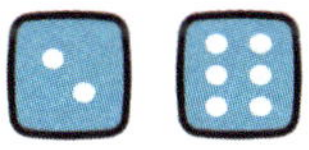

Je suis arrivée sur ....

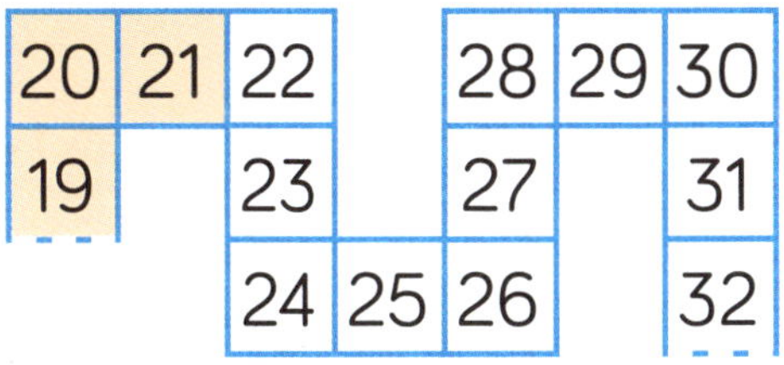

3 Voici une piste coloriée.

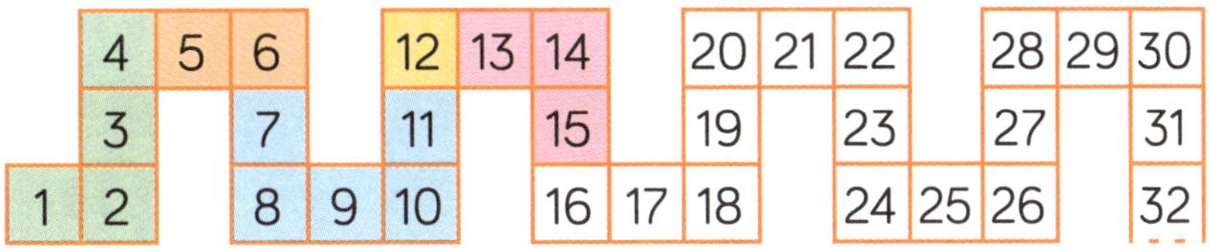

Dessine les dés qui correspondent aux lancers.

4 J'étais sur la case 16. Voici ce que j'ai colorié.

Dessine mes dés.

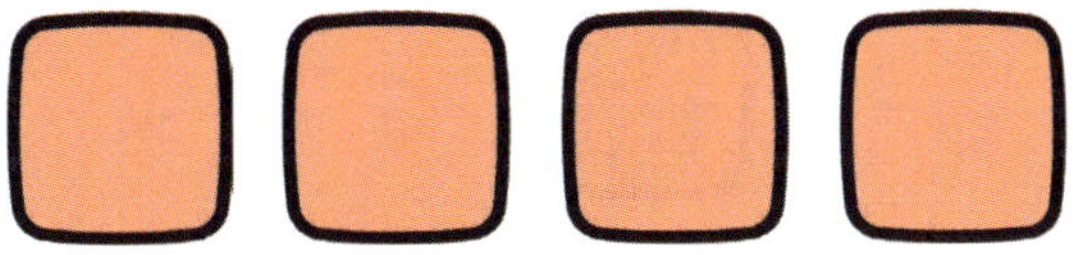

Les pistes coloriées

Vers le calcul

Date : ____________________

Je m'entraine à calculer sur la piste avec la bande numérique.

1 Voici les dés et la piste coloriée d'une élève.
Elle est partie de la case 21. **Barre** ses erreurs sur sa piste.

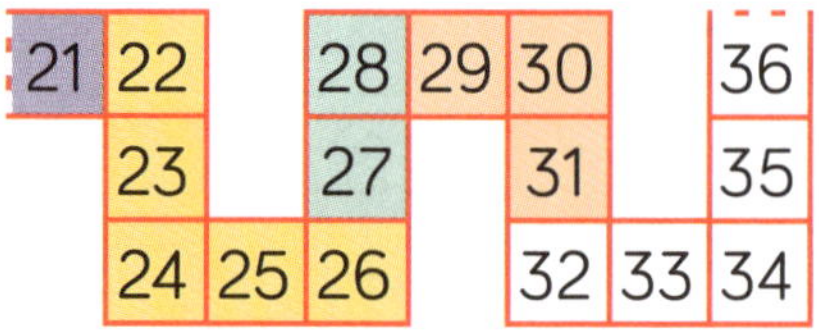

● **Corrige** en coloriant cette piste :

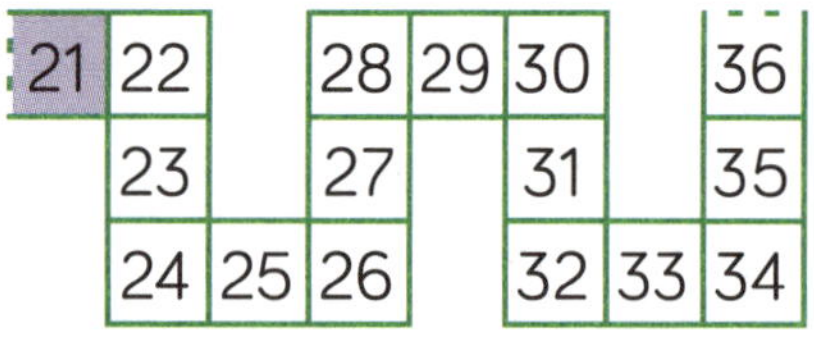

2 Mon pion est sur la case 12. Je lance 3 fois le dé et j'arrive sur la case 23.

● **Dessine** les dés que j'ai pu lancer.

● **Colorie** la piste qui correspond.

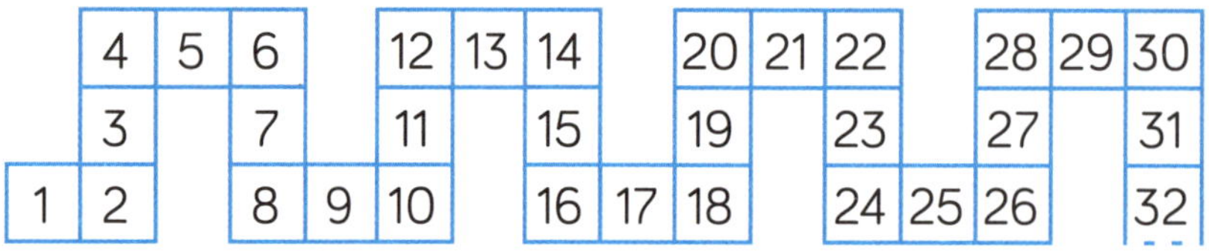

3 **Complète** ce qui manque.

Je suis sur la case...	Le dé	J'arrive sur la case...
8		....
12		16
26		32

Qui a gagné ?

Date : ....

Je m'entraine à calculer.

Dessine tes cartes.
Écris le total.
Entoure le gagnant.

Règle Chaque joueur tire 2 cartes et ajoute les nombres obtenus. Celui qui a le plus grand total a gagné.

Joueur 1		Joueur 2	
Cartes	Total	Cartes	Total
	....		....
	....		....
	....		....
	....		....
	....		....
	....		....
	....		....

Qui a gagné ?

Date : ....

Je m'entraine à calculer et à mémoriser des résultats.

Complète ce qui manque. **Entoure** le gagnant.

Joueur 1 : Aïcha		Joueur 2 : Paul	
Cartes	Calcul	Cartes	Calcul
6 2	....	4 5	....
8 5	....	7 3	....
9 2	....	....	6 + 7 = ...
....	2 + 5 = ...	....	4 + 4 = ...
....	8 + 4 = ...	....	6 + 5 = ...

Mémoire

Écris ici les calculs que tu as faits et que tu connais par cœur.

PÉRIODE 2
ACTIVITÉS D'ACCOMPAGNEMENT P.82
• Feuille de jeu
ERMEL P.155

Marelle

Date : ______________________________

Règle Chaque joueur lance le palet sur la marelle et note les points obtenus. Le score de l'équipe est le total des points. L'équipe gagnante est celle qui a le plus de points.

Je comprends les règles du jeu.

J'utilise la marelle à la fin de mon cahier.

1 **Écris** les lancers de ton équipe et trouve votre score.

Les lancers sur la marelle	Score

Je vérifie à la calculette :

2 **Écris** les scores de toutes les équipes.

Équipe A	Équipe B	Équipe C	Équipe D	Équipe E	Équipe F	Équipe G
....	....	....	....	....	....	....

3 **Trouve** quelle équipe a gagné.

C'est l'équipe ....

Marelle

Date : ________________

Je m'entraine à calculer.

1 **Écris** un nombre sur lequel l'élève de l'équipe B doit lancer son palet pour être à égalité avec l'équipe A.

Équipe A	Équipe B
5	10
6	7
4	3
3	2
9	....

2 **Écris** le plus petit nombre sur lequel les derniers lanceurs doivent placer leur palet pour dépasser le score demandé.

Les équipes A et B doivent dépasser 20.

Équipe A	Équipe B
3	10
7	4
2	3
4	2
....	....

Les équipes C et D doivent dépasser 30.

Équipe C	Équipe D
7	10
7	2
5	8
9	2
....	....

3 **Écris** les nombres manquants pour que les équipes atteignent leur score.
Si ce n'est pas possible, **barre** un nombre et **corrige**-le.

	Équipe A	Équipe B	Équipe C	Équipe D
Joueur 1	10	9	....	6
Joueur 2	9	7	2	9
Joueur 3	....	4	3	9
Joueur 4	5	....	5	....
Joueur 5	....	....	....	....
Score de l'équipe	32	18	15	25

4 **Écris** le score le plus grand que peut obtenir une équipe de 5 joueurs ensemble.

Les 5 joueurs peuvent atteindre .... au maximum.

Calculs

Date : ______________________________

Je m'entraine à calculer.

1 **Entoure** ce qui fait 10 avec 3 cartes.

6 4 2	6 1 3	1 4 5
5 5 5	2 2 7	3 3 4
3 3 3	4 2 4	3 2 4

2 **Colorie** ce qui fait 10 dans les calculs.

J'utilise ma calculette.

4 + 4 + 2
6 + 2 + 2
4 + 4 + 3
1 + 4 + 5
4 + 2 + 2 + 2
6 + 2 + 2 + 1
3 + 2 + 2 + 2 + 1
3 + 3 + 3 + 1 + 1 + 1 + 1
6 + 6 + 4
3 + 3 + 1 + 1 + 1 + 1
5 + 3 + 2
5 + 5 + 3
5 + 8
6 + 3 + 1
3 + 3 + 4
1 + 1 + 1 + 1 + 1 + 1 + 1 + 1 + 1 + 1
5 + 5
3 + 3 + 3
1 + 2 + 2 + 1 + 1 + 3
3 +1 + 1 + 2 + 3
2 + 2 + 2 + 2 + 2

3 **Écris** les nombres de 5 en 5.

5, 10, ______________________________

____

La corde à linge

Avec des nombres plus grands

Date : ....

Je connais la suite des nombres.

1 **Dessine** les cartes-nombres au bon endroit sur la corde à linge.

13 28 5 23 31

2 **Écris** le nombre qui vient juste avant et le nombre qui vient juste après.

.....	18	.....
.....	23	.....
.....	29	.....

.....	20	.....
.....	32	.....
.....	12	.....

3 **Corrige** les erreurs de cette élève. **Barre** là où elle s'est trompée et **écris** le bon nombre en dessous.

23	24	25	26	27	28	29	20	21	22

....

30	31	32	33	34	35	35	37	38	40

....

Bande numérique

Date : ....

1 **Complète** les bandes avec les nombres qui manquent.

1	2	.....	4	.....	6	.....	.....	9	10	11	.....	13

10	.....	12	13	.....	15	.....	17	18	.....	.....	21	.....

.....	38	39	.....	41	42	.....	.....	45	46	.....	48	.....

2 **Colle** la bande numérique découpée par familles de nombres.

Je peux utiliser ma bande numérique.
1 2 3 4

3 **Colorie** avec des couleurs différentes les familles de nombres.

1	2	3	4	5	6	7	8	9	10	11	12	13	14	15	16	17	18	19

20	21	22	23	24	25	26	27	28	29	30	31	32	33	34	35	36	37	38	39

Le jeu du château

Date :

1 **Entoure :**

en rouge tous les 2.

en jaune tous les 5.

en orange tous les 6.

en vert tous les 8.

en bleu tous les 9.

0	1	2	3	4	5	6	7	8	9
10	11	12	13	14	15	16	17	18	19
20	21	22	23	24	25	26	27	28	29
30	31	32	33	34	35	36	37	38	39
40	41	42	43	44	45	46	47	48	49
50	51	52	53	54	55	56	57	58	59
60	61	62	63	64	65	66	67	68	69
70	71	72	73	74	75	76	77	78	79
80	81	82	83	84	85	86	87	88	89
90	91	92	93	94	95	96	97	98	99

2 **Écris** tous les nombres du tableau qui commencent par un 2.

3 **Écris** tous les nombres du tableau qui se terminent par un 0.

Mémoire

Écris ce que tu as remarqué dans le tableau.

Le jeu du château

Date : ....

1 **Colle** ton puzzle.

J'utilise le puzzle à la fin de mon cahier.

2 **Écris** les nombres cachés derrière les dessins.

0	1		3	4	5	6		8	9
10	11	12	13		15	16	17	18	
20	21		23	24	25	26	27	28	29
30		32	33	34		36	37	38	39
40	41	42	43	44	45	46		48	49
	51	52		54	55	56	57	58	59
60	61	62	63	64		66		68	69
70		72	73	74	75	76	77	78	79
80	81	82	83	84	85		87	88	
90	91	92	93	94	95	96	97		99

PÉRIODE 3
SITUATION ESSENTIELLE P.94
• Jeux individuels avec le château
ERMEL P.288

Le jeu du château

Date : ______________________

1 **Complète** les cases bleues.

0	1	2	3	4	5		7	8	9
10									
20									
30									
50									
60									
70									
80									
90									

0	1	2	3		5	6	7	8	9

2 **Complète** les cases bleues.

→

		14		

→

	31		

→

		55		

3 **Barre** l'intrus.

→

	36		
45		47	48
			78

→

		2	3	
				14
21				

→

	22		
31	32		35
51			

Le jeu du château

Date :

1 **Barre** les nombres qui ne conviennent pas.

Je pense à un nombre de la famille des 50 :

25 5 43 56 38

Je pense à un nombre de la famille des 80 plus grand que 84 :

48 80 86 46 88 8

2 **Écris** la famille des 40 en chiffres.

3 **Écris** la famille des 60 en chiffres.

4 **Colorie** de la même couleur les nombres de la même famille.

53	42	67	52	40	63	56	65	44	50
69	48	32	47	31	46	37	58	38	55
39	43	60	23	36	33	35	64	61	45

Mémoire

Écris les questions qui nous ont permis de trouver le nombre .

PÉRIODE 3
SITUATION ESSENTIELLE P.103
• Appropriation collective de la règle
ERMEL P.319

Maisons à construire

Date : ____________________

une maison complète

Règle d'échange

1 toit ⇄ 5 étages

1 rez-de-chaussée ⇄ 2 étages

1 **Complète.**

- Pour avoir un toit, il me faut .... 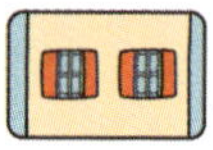.
- Avec  et 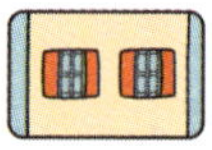, je peux avoir .... .

2 **Entoure** ce que tu dois échanger pour avoir 2 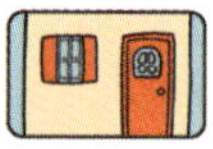.

3 **Écris** ton tirage.

- J'ai reçu

 .... toit(s) ;

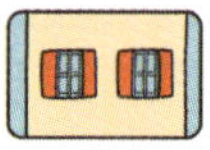 .... étage(s) ;

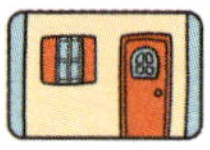 .... rez-de-chaussée.

- J'ai fabriqué .... maisons.
- Il me reste .... cartes.

Maisons à construire

Date : ....

1 Pour obtenir une maison complète avec seulement des étages,

combien faut-il d'étages ? Il me faut .... 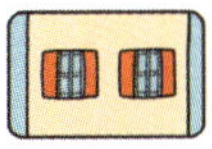.

2 Pour obtenir une maison complète avec seulement des rez-de-chaussée,

combien faut-il de rez-de-chaussée ? Il me faut .... .

Dessine ta recherche et tes échanges.

3 Voici tes cartes. **Combien peux-tu avoir de maisons complètes ?**
Dessine les échanges que tu fais pour avoir le plus de maisons complètes.

Je peux avoir .... maisons complètes.

Mémoire

Écris comment réussir à construire des maisons.

Monnaie : 1 €, 2 € ou 5 €

Date : ____________________

1 **Dessine** ce qu'il y a dans l'enveloppe qui contient le plus d'argent.

Il y a .... €.

2 **Dessine** ce qu'il y a dans l'enveloppe qui contient le moins d'argent.

Il y a .... €.

3 **Complète.**

- Combien as-tu de pièces ? .... pièces.
- Combien as-tu de billets ? .... billets.
- Combien as-tu de pièces et de billets en tout ? .... pièces et billets.
- Quelle somme d'argent cela représente-t-il ? .... €.

4 **Écris** d'autres manières de faire cette même somme avec 1, 2 et 5 €.

.... €			
Nombre de pièces et billets	....	....	....

Mémoire

Écris ce que nous avons remarqué.

PÉRIODE 3

SITUATION ESSENTIELLE P.111

• Constituer une somme donnée

ERMEL P.161

Monnaie : 1 €, 2 € ou 5 €

Date : ______________________

1 **Entoure** ce qu'il te faut pour faire la somme indiquée.

7 €

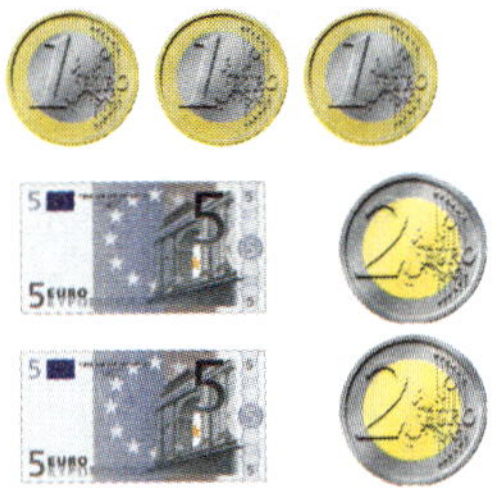

18 €

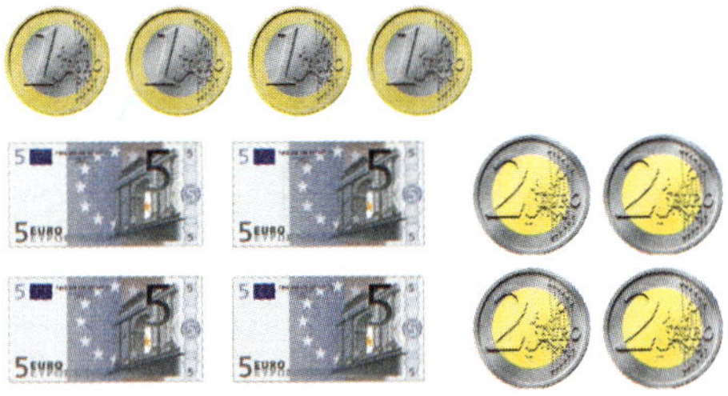

23 €

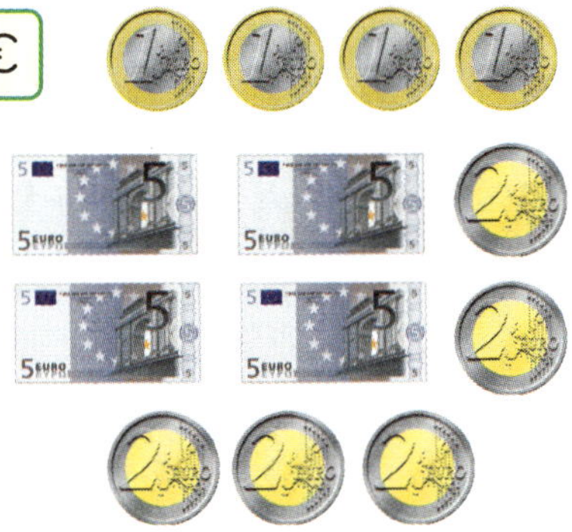

18 € d'une autre façon

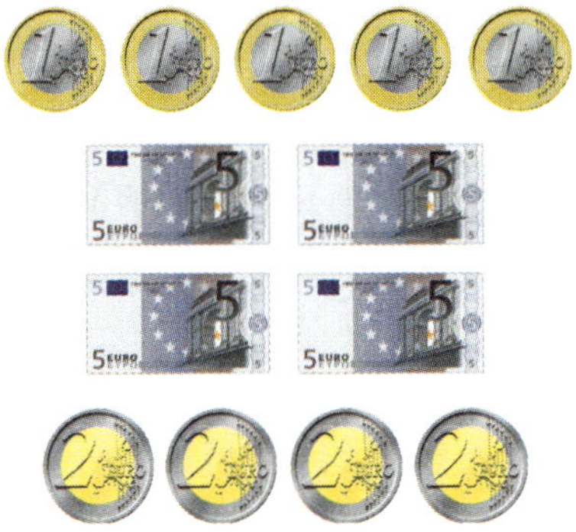

2 **Trouve** plusieurs façons de faire ☐ € avec des pièces et des billets de 1 €, 2 € et 5 €. **Écris** à chaque fois le nombre de pièce(s) et billet(s) utilisés.

……… €		……… pièce(s) et billet(s)
		……… pièce(s) et billet(s)
		……… pièce(s) et billet(s)
		……… pièce(s) et billet(s)
		……… pièce(s) et billet(s)
		……… pièce(s) et billet(s)
		……… pièce(s) et billet(s)
		……… pièce(s) et billet(s)
		……… pièce(s) et billet(s)
		……… pièce(s) et billet(s)

Monnaie : 1 €, 2 € ou 5 €

Date : ______________________

1 **Dessine** les pièces et les billets que tu donnes à la marchande pour payer exactement :

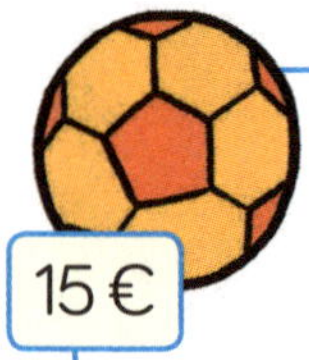

2 Tu veux acheter un jeu de dominos à 4 € et une petite voiture à 9 €.
Dessine ce que tu paies à la marchande.

3 Tu veux maintenant acheter 5 jeux de dominos à 4 €.
Dans ton porte-monnaie, tu as :

Le marchand n'accepte que les billets de 5 €.
Dessine les échanges que tu dois faire.

Mini-yam

Date : ______________________________

1 **Complète** la feuille de jeu.

Règle Avec 5 dés, tu dois avoir le plus possible de dés identiques. À chaque tour, tu as droit à 3 lancers.

Dés	Mes lancers : les dés que je garde	Score
⚀		....
⚁		....
⚂		....
⚃		....
⚄		....
⚅		....
	Total des points :	....

2 **Colorie** de la même couleur ce qui donne le même score.

15 | 6 | 8 | 6 + 6 + 6 + 6 | ⚄⚄⚄ | 3 + 3

⚁⚁⚁⚁ | ⚅⚅⚅⚅ | 5 + 5 + 5 | ⚂⚂

2 + 2 + 2 + 2 | 24 | 5 | 20 | ⚀⚀⚀⚀⚀

4 + 4 + 4 + 4 + 4 | 1 + 1 + 1 + 1 + 1 | ⚃⚃⚃⚃⚃

PÉRIODE 3

ACTIVITÉS D'ACCOMPAGNEMENT P.124
- Jeux arrêtés

ERMEL P.159

Mini-yam

Date : ....

1 **Complète** la feuille de jeu avec ce qui manque.

Dés	Mes lancers : les dés que je garde	Score
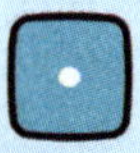	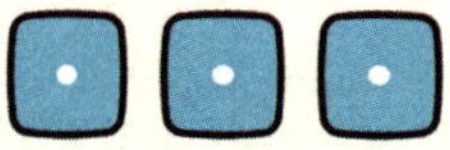	....
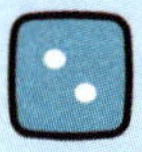		8
		....
		8
		....
		24
	Total des points :	....

2 **Cherche** différentes façons de faire le score avec des dés identiques.

Je n'oublie pas qu'il n'y a que 5 dés au maximum.

Score 6	Score 4	Score 10	Score 12	Score 15
3 + 3 2 + 2 + 2				

Cartes recto-verso

Date : ....

Je m'entraine à connaitre les doubles et à aller à 10.

1 **Complète.**

10 + 5 = ...	12 + 8 = ...	9 + 1 = ...
2 + 2 = ...	4 + 4 = ...	3 + 7 = ...
5 + 5 = ...	3 + 3 = ...	9 + 9 = ...
1 + 1 = ...	7 pour aller à 14 :	8 pour aller à 16 : ....
4 pour aller à 8 :	8 pour aller à 10 :	9 pour aller à 18 : ....
4 pour aller à 10 :	6 pour aller à 12 :	5 pour aller à 10 : ....

Je m'entraine à décomposer les nombres.

2 **Colorie** de la même couleur l'opération et son résultat.

➡ signifie « pour aller à ».

3 + 2	3 ➡ 10	4 ➡ 10	5 ➡ 10	5	5	6	7
6 + 4	5 ➡ 7	5 ➡ 9	3 + 7	10	2	10	4
2 + 8	7 ➡ 10	6 ➡ 10	5 + 3	4	3	10	8
9 ➡ 10	5 + 4	4 ➡ 8	3 + 3	6	1	4	9

PÉRIODE 3
- ACTIVITÉS D'ACCOMPAGNEMENT P. 126
- ERMEL P. 188

Labynombre de 2 en 2

Date : ....

Je m'entraine à compter de 2 en 2.

1 **Trace** le chemin pour trouver la sortie en comptant de 2 en 2.

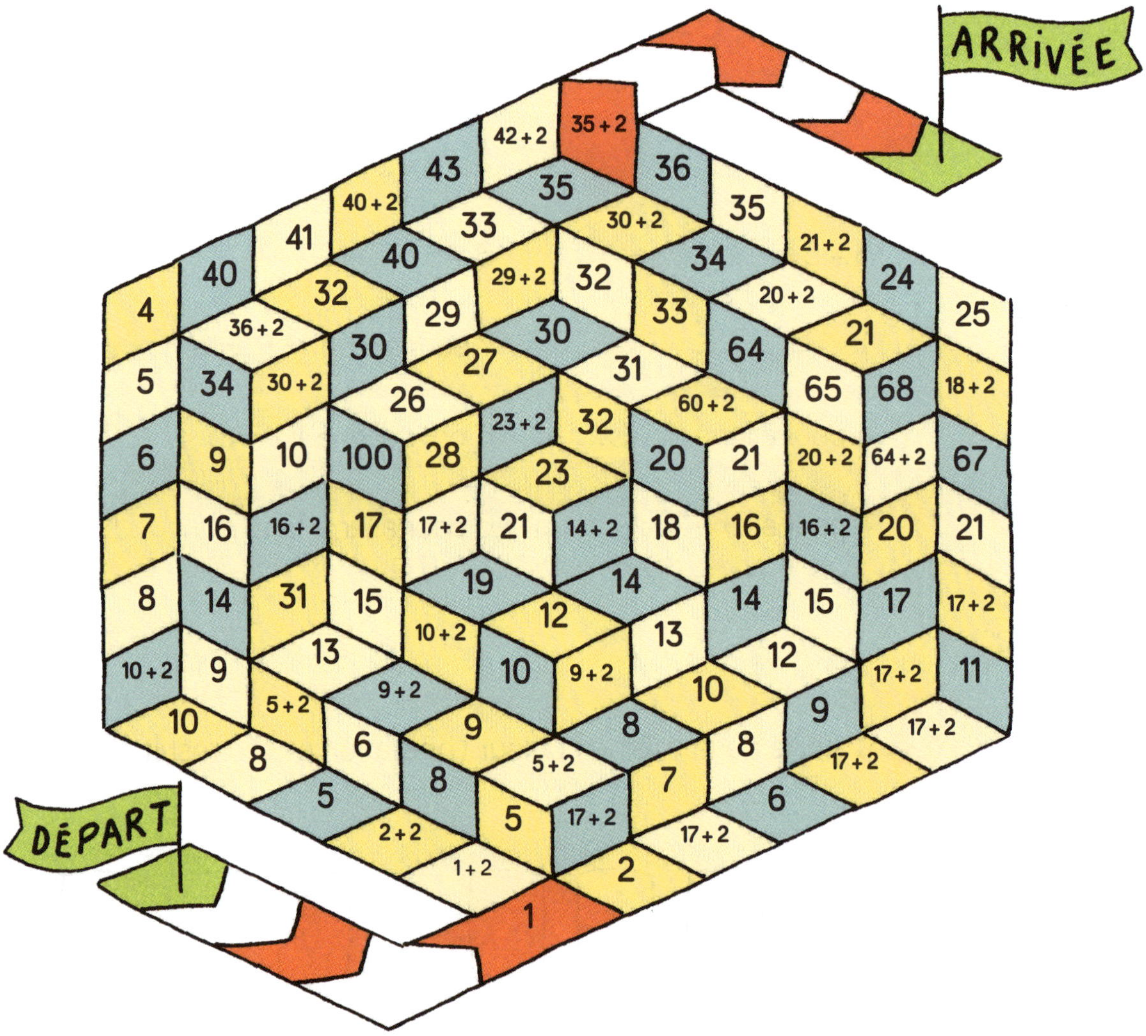

2 **Écris,** dans l'ordre, les nombres que tu viens de colorier.
Remplace les calculs par les nombres.

....

....

3 **Calcule.**

18 + 2 = ...	36 + 2 = ...	49 + 2 = ...
7 + 2 = ...	2 + 10 = ...	2 + 61 = ...
2 + 29 = ...	2 + 58 = ...	54 + 2 = ...

La bergerie

Tous les moutons

Date : ______

Je résous un problème présenté par un dessin.

6 moutons sont restés dans la bergerie.
Combien le berger a-t-il de moutons ?

La bergerie

Les moutons dans la bergerie

Date :

Je résous un problème présenté par un dessin.

Le berger a 26 moutons.
Combien sont restés dans la bergerie ?

Patchwork des sommes

Date : ....

Je m'entraine à calculer.

1 **Colorie** la grille en respectant la règle.

Règle
- Plus petit que 20 (bleu)
- Entre 20 et 30 (orange)
- Plus grand que 30 (jaune)

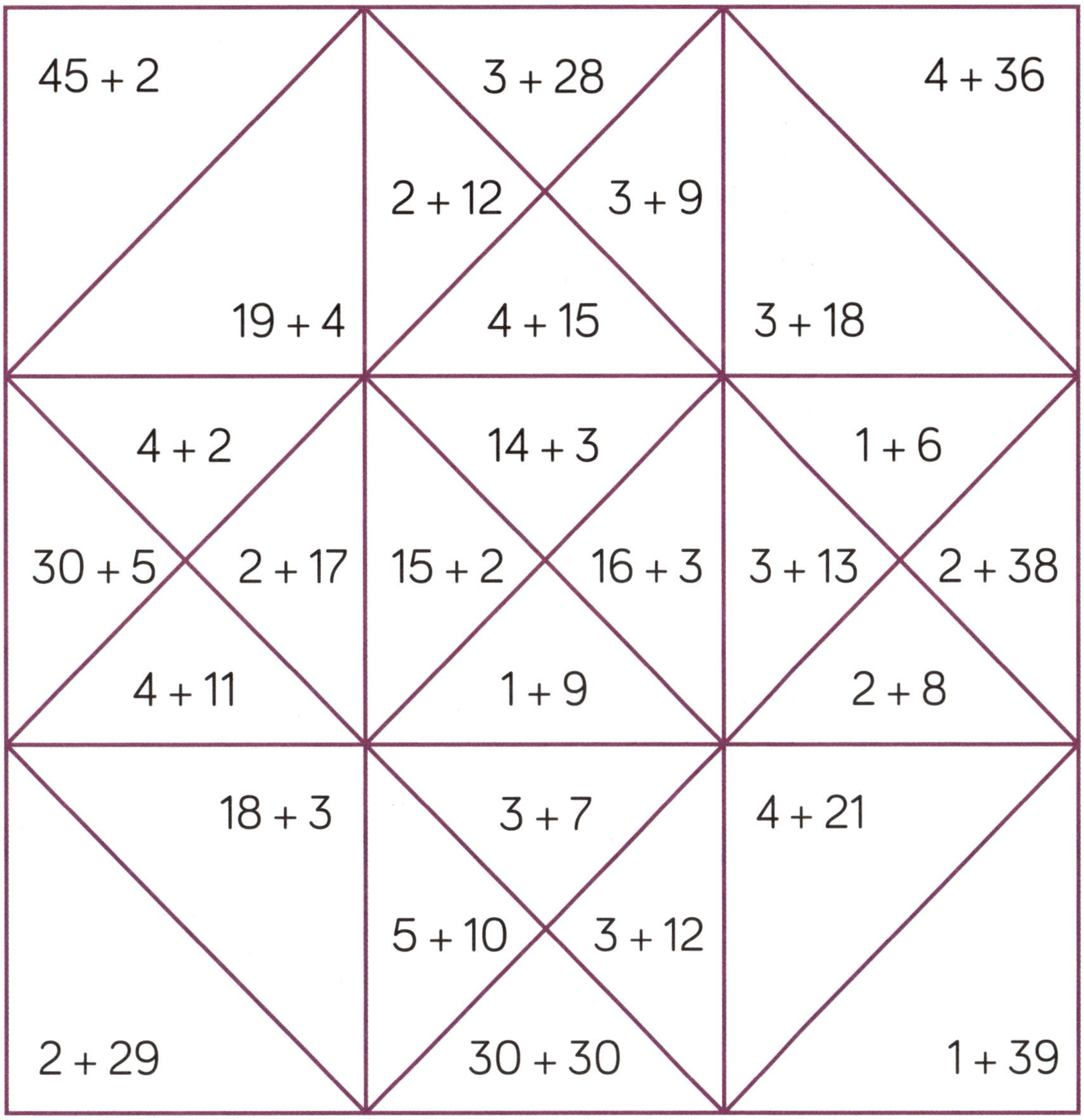

2 **Calcule.**

8 + 15 = ...	30 + 25 = ...	49 + 12 = ...
15 + 12 = ...	20 + 32 = ...	12 + 12 = ...
6 + 24 = ...	25 + 10 = ...	5 + 61 = ...
20 + 19 = ...	20 + 20 = ...	14 + 42 = ...

Hexanombre de 5 en 5

Date : ______________________________

Je m'entraine à compter de 5 en 5.

1 **Trace** le chemin qui te permet de traverser le labyrinthe en comptant de 5 en 5.

2 **Écris** dans l'ordre les nombres que tu viens de colorier.
Remplace les calculs par les nombres.

Continue le plus loin possible.

____

____

____

Cache-cache

Les enfants cachés

Date :

Je résous un problème présenté par un dessin.

48 enfants sont venus jouer au parc. **Combien sont cachés ?**

Cache-cache

Tous les enfants

Date : ____________________

Je résous un problème présenté par un dessin.

Tous les enfants de l'école sont venus au parc. 26 sont cachés dans la forêt et 12 sont partis construire une cabane. **Combien d'enfants sont venus ?**

La partie de billes

Date : ____________________

Je résous un problème présenté par un dessin

Manon et Sacha ont joué aux billes et Sacha a perdu.

Avant la partie | Après la partie

Sacha a-t-il bien donné toutes les billes qu'il a perdues à Manon ?
Explique pourquoi.

La sortie en tandem

Date : ____________________

Je résous un problème.

1 Le centre de loisirs organise des sorties en tandem.

Le marchand de vélos peut louer ▢ tandems.

Combien d'enfants pourront participer à chaque sortie ?

2 La maitresse d'une classe de CP organise une sortie en tandem.

Combien de tandems devra-t-elle louer pour ses ▢ élèves ?

Le jeu du banquier

Date : ____________________

Règle d'échange

1 La partie se joue en 7 tirages. **Écris** tes points à chaque tirage et **dessine** les jetons que tu as demandés.

Points	Jetons demandés
....	
....	
....	
....	
....	
....	
....	

2 **Dessine** les jetons qui restent sur la table à la fin de la partie.

3 **Écris** le total de tes points : ....

Mémoire

Écris ce que nous pouvons commander quand nous tirons la carte 12.

Le jeu du banquier

Date : ....

Règle Tu ne dois pas avoir plus de 9 jetons d'une même couleur sur la table.

1 **Écris** les points tirés.

Points	Jetons demandés
....	
....	
....	
....	
....	
....	
....	

2 **Dessine** les jetons qui restent sur la table à la fin de la partie.

3 **Écris** le total de tes points : ....

Le jeu du banquier

Date : ....

1 La partie se joue en 7 tirages. **Dessine** les jetons gagnés à chaque partie.

Règle Tu ne dois pas avoir plus de 9 jetons d'une même couleur sur la table.

	Points	Jetons demandés
première partie →	52	
→	9	
→	8	
→	13	
→	19	
→	1	
→	6	
→	12	

2 **Dessine** les jetons qui restent sur la table à la fin de la partie.

3 **Écris** le total de tes points : ....

PÉRIODE 4
SITUATION ESSENTIELLE P.140
• Jeux arrêtés 3
ERMEL P.328

Le jeu du banquier

Date : ______

1 Voici les jetons que tu viens de gagner :

Règle d'échange

Dessine les jetons jaunes qu'il te manque pour gagner un nouveau jeton rouge.

2 Voici les jetons que tu viens de gagner :

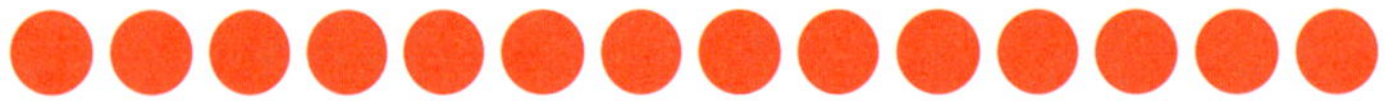

Fais les échanges.
Dessine ce que tu obtiens :

3 **Entoure** le gagnant de chaque partie et explique pourquoi il a gagné.

Louis : 

Camille : 

Pourquoi ? ______

Arthur : 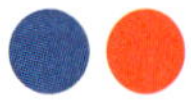

Timéo : 

Pourquoi ? ______

Eva : 

Clara : 

Pourquoi ? ______

PÉRIODE 4
SITUATION ESSENTIELLE P.148
• Mise en place de la procédure de groupement
ERMEL P.333

Les fourmillions

Date : ______________________

Trace

Dessine ce que nous avons obtenu et **écris** le nombre d'objets.

milliers	centaines	dizaines	unités

Il y avait .... objets.

Une autre classe a obtenu :

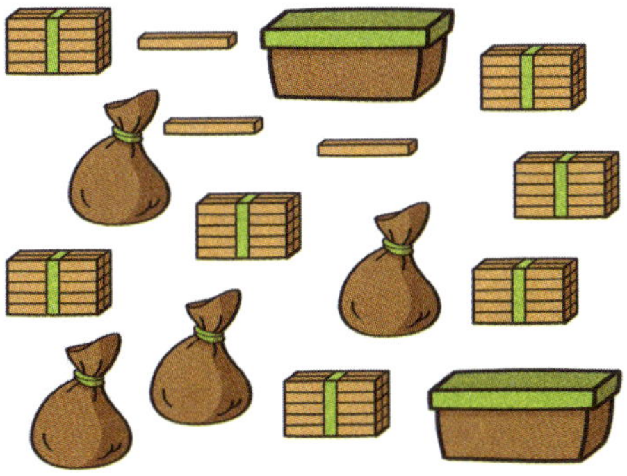

Règle On représente :

- une boite de mille bâtons 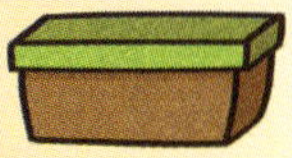
- un sac de cent bâtons 
- un paquet de dix bâtons 
- une unité 

Écris dans le tableau combien la classe a de bâtons.

milliers	centaines	dizaines	unités

PÉRIODE 4
- SITUATION ESSENTIELLE P. 148
  - Décoder un message
- ERMEL P. 333

Les fourmillions

Date : ....

1 Voici trois messages. **Écris** le nombre de bâtons qui correspond.

5 sacs de cent 2 boites de mille 4 bâtons 1 paquet de dix	....
30 + 400 + 2000 + 8	....
7 centaines + 2 dizaines + 1 millier	....

2 **Entoure** de la même couleur les messages qui représentent le même nombre de bâtons.

2 paquets de cent
et 5 paquets de dix
et 3 paquets de mille
et 1 bâton

200 + 1 + 3000 + 50

300 + 2000 + 5 + 10

1 dizaine,
2 milliers,
5 unités
et 3 centaines

1 unité,
2 centaines,
5 dizaines
et 3 milliers

2 paquets de mille
et 5 bâtons
et 3 sacs de cent
et 1 paquet de dix

PÉRIODE 4
SITUATION ESSENTIELLE P.148
• Encodage de collections
ERMEL P.333

Les fourmillions

Date : ______________________

Écris combien il y a de bâtons.

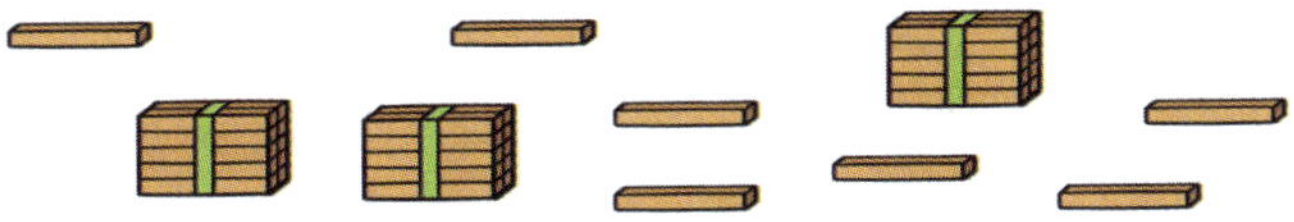

....

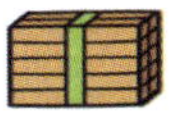

....

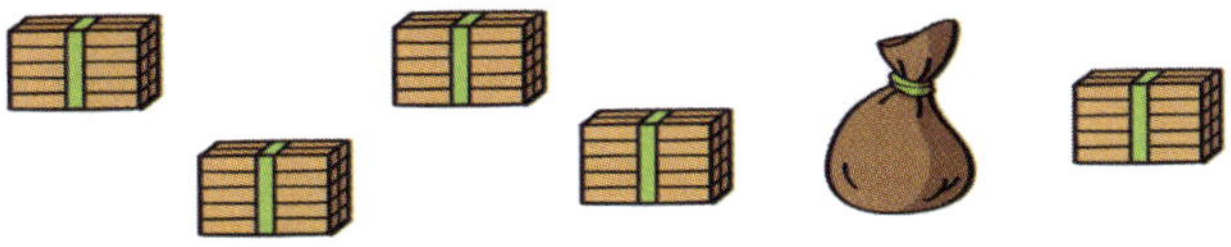

....

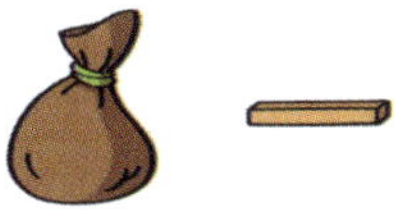

....

....

....

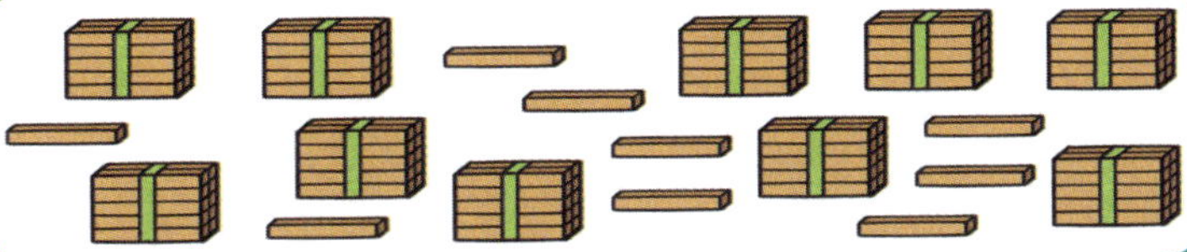

....

Les fourmillions

Date : ______________________________

Sur la table, il y a :

Écris le nombre de bâtons sur la table : ....

● On apporte :

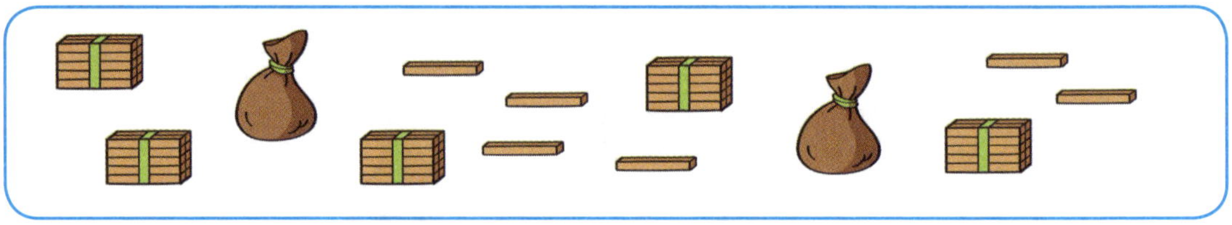

Écris le nombre de bâtons apportés : ....

Écris le nombre de bâtons maintenant sur la table : ....

● **Dessine** ce qui est sur la table après les échanges.

Carreler une pièce

Date : ....

Complète chaque bon de commande.

Le nom de la pièce : ....
Il faut .... carreaux pour carreler la pièce.
La commande :
.... paquets de dix ;
.... carreaux isolés.

Le nom de la pièce : ....
Il faut .... carreaux pour carreler la pièce.
La commande :
.... paquets de dix ;
.... carreaux isolés.

Le nom de la pièce : ....
Il faut .... carreaux pour carreler la pièce.
La commande :
.... paquets de dix ;
.... carreaux isolés.

Mémoire

Pour carreler la pièce G,
il faut .... carreaux.
La commande :
.... paquets de dix ;
.... carreaux isolés.

G

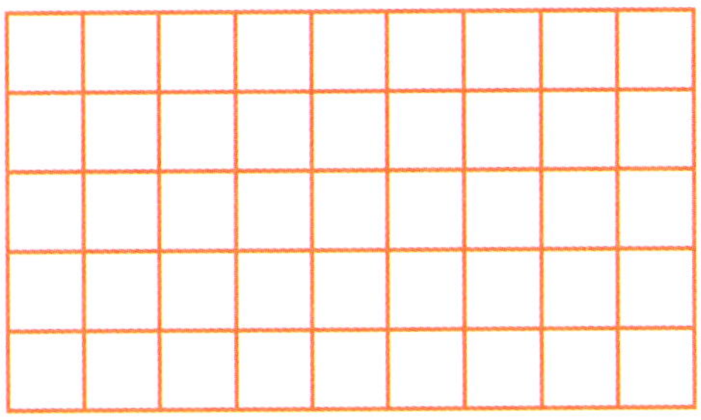

Carreler une pièce

Date : ______________________

Règle Pas plus de 9 carreaux isolés.

1 **Relie** la commande de chaque enfant à son bon de commande.

Mélanie voudrait 47 carreaux.	8 paquets de 10 et 2 carreaux isolés
Laurine voudrait 82 carreaux.	2 paquets de 10 et 8 carreaux isolés
Maxence voudrait 28 carreaux.	4 paquets de 10 et 7 carreaux isolés
Axel voudrait 74 carreaux.	7 paquets de 10 et 4 carreaux isolés

2 **Réponds** par **OUI** ou par **NON**.

Candie voudrait 62 carreaux.
Elle commande 5 paquets de 10 et 12 carreaux isolés.

A-t-elle assez de carreaux ? ....

A-t-elle respecté la règle de commande ? ....

Ernest voudrait 63 carreaux.
Il commande 6 carreaux isolés et 3 paquets de 10.

A-t-il assez de carreaux ? ....

A-t-il respecté la règle de commande ? ....

3 Poppée a demandé 9 paquets de 10 et 8 carreaux isolés.

Combien de carreaux a-t-elle commandés ? ....

Carreler une pièce

Date : ______________________

1 **Barre** en rouge les commandes qui ne donnent pas le bon nombre de carreaux et en vert celles qui ne respectent pas la règle.

Je veux 67 carreaux.
Je commande :
5 paquets de 10
et 7 carreaux isolés.

Je veux 35 carreaux.
Je commande :
2 paquets de 10
et 15 carreaux isolés.

Je veux 79 carreaux.
Je commande :
6 paquets de 10
et 19 carreaux isolés.

Je veux 21 carreaux.
Je commande :
2 carreaux isolés
et 1 paquet de 10.

Je veux 55 carreaux.
Je commande :
1 paquet de 10
et 55 carreaux isolés.

Je veux 56 carreaux.
Je commande :
5 paquets de 10
et 6 carreaux isolés.

2 **Vérifie** chaque commande et **corrige** si besoin.

Usain voudrait 91 carreaux.
Il commande 8 paquets de 10 et 11 carreaux isolés.

- **A-t-il assez de carreaux ?** ....
- **A-t-il respecté la règle de commande ?** ....
  Corrige sa commande si besoin.

Suzanne commande 10 carreaux isolés et 7 paquets de 10.

- **Combien va-t-elle recevoir de carreaux ?**
  Elle va recevoir .... carreaux.
- **A-t-elle respecté la règle de commande ?** ....
  Corrige sa commande si besoin.

Sur la piste numérique

La case d'arrivée

Date : ____________________

Je me déplace sur la piste numérique.

1 Le pion est sur une case. Je tire une carte.

Colorie la case d'arrivée.

Carte : 5 (le pion est sur 14)

12	13	14	15	16	17	18	19	20	21	22	23	24

Carte : 4 (le pion est sur 37)

32	33	34	35	36	37	38	39	40	41	42	43	44

Carte : 10 (le pion est sur 51)

50	51	52	53	54	55	56	57	58	59	60	61	62

Carte : 3 (le pion est sur 80)

75	76	77	78	79	80	81	82	83	84	85	86	87

J'écris des calculs.

2 **Complète** les déplacements.

Case de départ : 23
Carte tirée : 5
Case d'arrivée : ....

Case de départ : 18
Carte tirée : 10
Case d'arrivée : ....

Case de départ : 56
Carte tirée : 9
Case d'arrivée : ....

Case de départ : 85
Carte tirée : 5
Case d'arrivée : ....

3 **Écris** le calcul qui va avec le déplacement sur la piste.

Case de départ : 14
Carte tirée : 5
Case d'arrivée : 19
↔ ....

Case de départ : 55
Carte tirée : 8
Case d'arrivée : 63
↔ ....

Sur la piste numérique

La carte tirée

Date : ______________________________

Je trouve un déplacement sur la piste numérique.

1 Le pion est sur une case. Je tire une carte.
J'ai colorié la case d'arrivée. **Écris** la carte tirée.

→ Carte : ......

12	13	14	15 (pion)	16	17	18	19	**20** (coloriée)	21	22	23	24

→ Carte : ......

32 (pion)	33	34	35	36	37	38	39	40	41	**42** (coloriée)	43	44

→ Carte : ......

50	51	52 (pion)	53	54	**55** (coloriée)	56	57	58	59	60	61	62

→ Carte : ......

75	76 (pion)	77	78	79	**80** (coloriée)	81	82	83	84	85	86	87

J'écris des calculs.

2 **Complète** les déplacements.

→ Case de départ : 66
Carte tirée : ....
Case d'arrivée : 70

→ Case de départ : 18
Carte tirée : ....
Case d'arrivée : 28

→ Case de départ : 59
Carte tirée : ....
Case d'arrivée : 64

→ Case de départ : 90
Carte tirée : ....
Case d'arrivée : 98

3 **Écris** le déplacement qui va avec le calcul.

→ Case de départ : ....
Carte tirée : ....
Case d'arrivée : ....
↔ 38 + 4 = 42

→ Case de départ : ....
Carte tirée : ....
Case d'arrivée : ....
↔ 62 + 10 = 72

Sur la piste numérique

La case départ

Date : ______________________

Je me déplace sur la piste numérique.

1 **Colorie** la case de départ en te servant des informations données.

Je tire une carte . Le pion  est sur la case d'arrivée.

→ Carte : 3

12	13	14	15	16	17	18	19	20	21	22	23	24

→ Carte : 8

32	33	34	35	36	37	38	39	40	41	42	43	44

→ Carte : 2

50	51	52	53	54	55	56	57	58	59	60	61	62

→ Carte : 10

75	76	77	78	79	80	81	82	83	84	85	86	87

J'écris des calculs.

2 **Complète** les déplacements.

→ Case de départ : ....
Carte tirée : 2
Case d'arrivée : 11

→ Case de départ : ....
Carte tirée : 10
Case d'arrivée : 28

→ Case de départ : ....
Carte tirée : 8
Case d'arrivée : 58

→ Case de départ : ....
Carte tirée : 5
Case d'arrivée : 62

3 **Complète** les calculs.

→ Case d'arrivée : 33 ⟷ .... + 6 = ...

→ Carte tirée : 10 ⟷ .... + ... = 66

Sur la piste numérique

Avancer et reculer

Date : ____________________

Je me déplace en avant et en arrière sur la piste numérique.

1 Le pion est sur une case.

Je tire une carte ? ou ?.

Colorie la case d'arrivée.

Règle Les cartes vertes font avancer.
Les cartes rouges font reculer.

3

12	13	14	15	16	17	18	19	20	21	22	23	24

3

32	33	34	35	36	37	38	39	40	41	42	43	44

10

50	51	52	53	54	55	56	57	58	59	60	61	62

2

75	76	77	78	79	80	81	82	83	84	85	86	87

J'écris des calculs.

2 **Complète** les déplacements.

Case de départ : 89
Carte tirée : 2
Case d'arrivée : ....

Case de départ : 72
Carte tirée : 3
Case d'arrivée : ....

Case de départ : 100
Carte tirée : 1
Case d'arrivée : ....

Case de départ : 88
Carte tirée : 10
Case d'arrivée : ....

3 **Écris** le calcul qui va avec le déplacement sur la piste.

Case de départ : 15
Carte tirée : 3
Case d'arrivée : 12
⟷ ....

Case de départ : 51
Carte tirée : 2
Case d'arrivée : 49
⟷ ....

Sur la piste numérique

Avancer, reculer et trouver la case départ

Date :

Je me déplace sur la piste numérique.

1 **Colorie** la case de départ en te servant des informations données.

Règle Les cartes vertes font avancer. Les cartes rouges font reculer.

Je tire une carte [?] ou [?]. Le pion est sur la case de d'arrivée.

Carte : 3 (rouge)

12	13	14	15	16	17	18	19	20	21	22	23	24

Carte : 10 (verte)

50	51	52	53	54	55	56	57	58	59	60	61	62

J'écris des calculs.

2 **Complète** les déplacements.

Case de départ : ....
Carte tirée : 2
Case d'arrivée : 69

Case de départ : ....
Carte tirée : 10
Case d'arrivée : 55

Case de départ : ....
Carte tirée : 3
Case d'arrivée : 81

Case de départ : ....
Carte tirée : 1
Case d'arrivée : 39

3 **Complète** le calcul ou le déplacement.

Case de départ : ....
Carte tirée : ....
Case d'arrivée : ....
↔ 25 – 3 = 22

Case de départ : ....
Carte tirée : ....
Case d'arrivée : ....
↔ 21 – 2 = 19

Carte tirée : 3 ↔ .... + ... = 19

Case de départ : 84 ↔ .... – 2 = ...

Labynombre de 5 en 5

Date : ______________________________

Je compte de 5 en 5.

1 **Colorie** le chemin pour trouver la sortie en comptant de 5 en 5.

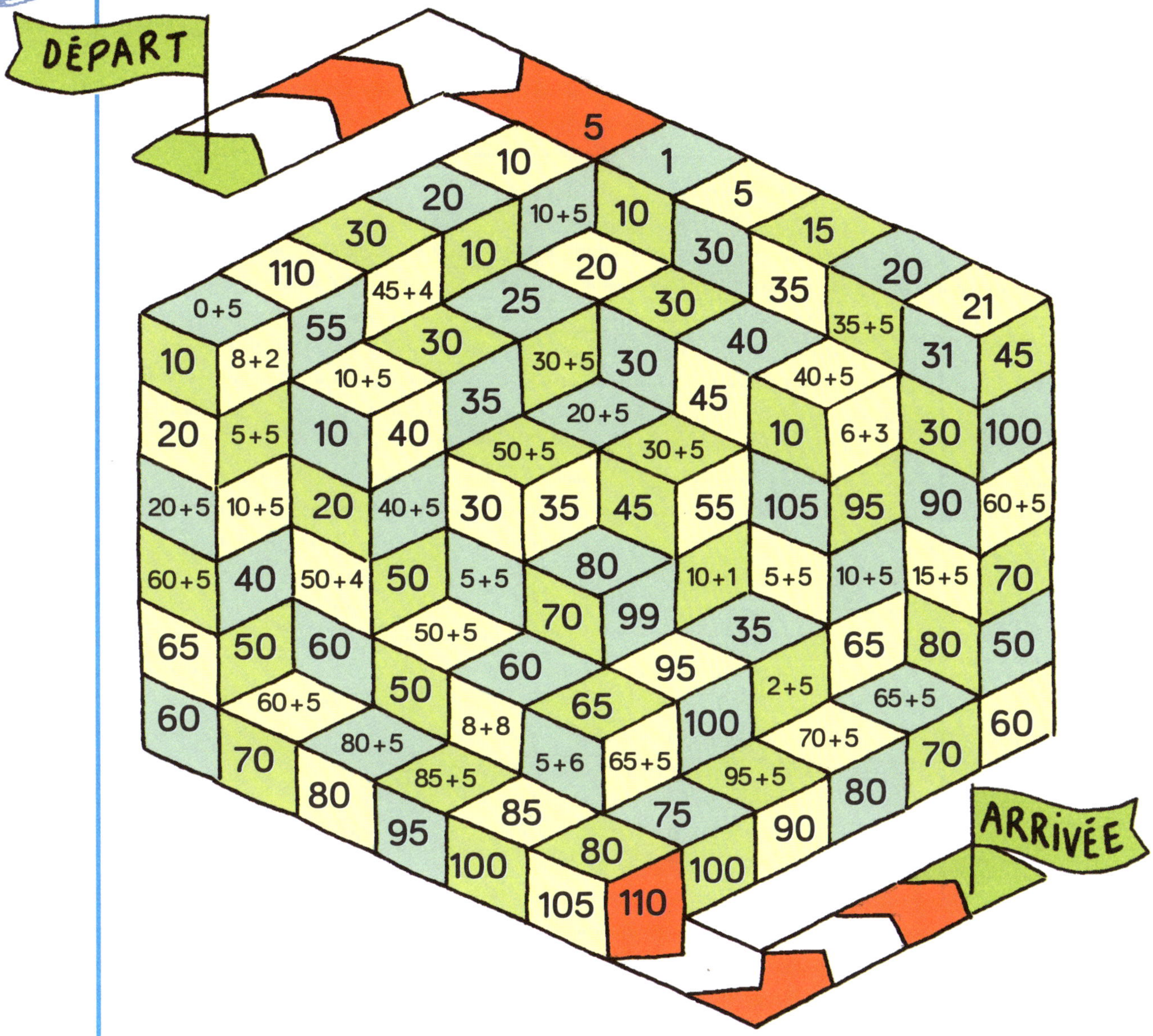

2 **Écris** les nombres de 5 en 5 de 110 à 5.

____

____

____

____

Patchwork des sommes

Date : ____________________

Je mémorise des résultats de calculs.

1 **Colorie** en respectant la règle.

Règle
- Plus petit que 15. (bleu)
- Plus grand que 15. (vert)
- Égal à 15. (orange)

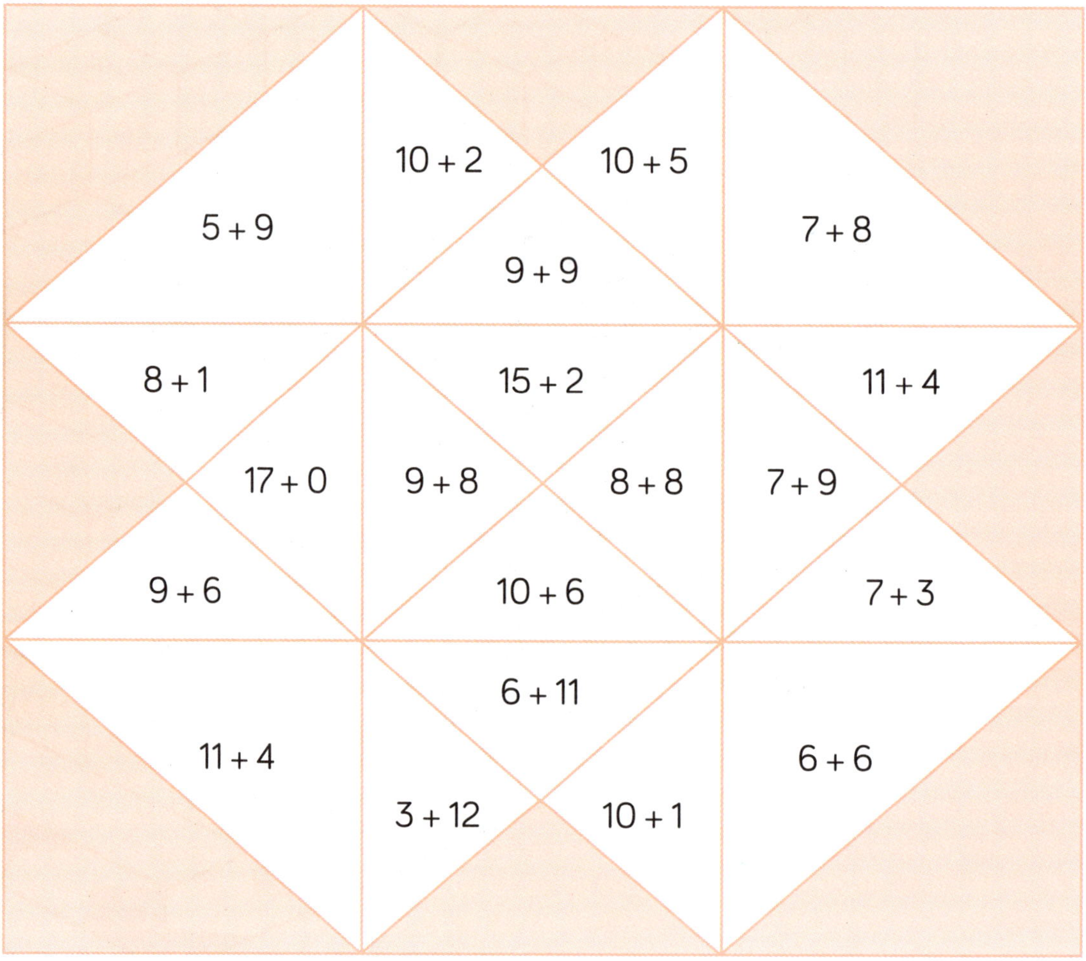

Mémoire

Écris tous les calculs qui font 15 dans ce patchwork.

____

____

Problèmes

Date :

Je résous des problèmes.

1 La boite noire contient 80 cubes.
La maitresse ajoute 25 cubes dans cette boite.
Ensuite, elle enlève 18 cubes.
Combien reste-t-il de cubes dans la boite ?

2 Isabelle achète 5 caramels.
Elle en donne 2 à sa copine et 1 à son petit frère.
Elle en perd 1 mais elle en reçoit 7 de Virginie qui en a un gros paquet !
Et elle en mange 4 !
Isabelle a-t-elle encore des caramels ?

Problèmes

Date : ______

Je résous des problèmes.

1 Alice, au Pays des Merveilles, peut devenir aussi grande ou aussi petite qu'elle veut. Elle mesure 120 cm ; et elle grandit de 10 cm pour attraper un papillon, puis elle rétrécit de 5 cm pour embrasser le lapin sur la pointe des oreilles. Elle se demande si elle est plus grande qu'une quille de 130 cm.
Alice est-elle plus grande que la quille ?

2 La boite noire contient 80 cubes.
La maitresse ajoute 35 cubes dans cette boite.
Ensuite, elle enlève 45 cubes.
Combien reste-t-il de cubes dans la boite ?

Des élèves ont essayé de résoudre ce problème.
Entoure les affirmations vraies.

Ce n'est pas possible : elle enlève plus qu'elle ne met.

C'est comme si elle enlevait 45 cubes donc il reste 35 cubes dans la boite. Elle ajoute 35 cubes, ça fait 70 cubes dans la boite.

Ça fait comme si elle enlevait 10 cubes.

Elle ajoute 35 cubes donc il y a 115 cubes dans la boite. Elle en enlève 45 donc il en reste 70.

Ça fait comme si elle ajoutait 10 cubes.

Hexanombre de 10 en 10

Date : ________________

Je compte de 10 en 10.

1 **Colorie** le chemin qui te permet de traverser le labyrinthe en comptant de 10 en 10.

2 **Écris** les nombres de 10 en 10 en commençant à 3.

3 ________________

____

____

Le problème peut-il être résolu ?

Date :

Je sais si j'ai assez d'informations pour résoudre le problème.

Résous le problème ou si tu penses qu'il ne peut pas être résolu, **explique pourquoi**.

J'ai des bonbons. J'en mange 3. Il m'en reste 15.
Combien avais-je de bonbons ?

→

J'ai 12 bonbons. J'en mange beaucoup... oh, il ne m'en reste plus !
Combien en ai-je mangé ?

→

Il reste deux semaines avant les vacances.
Combien reste-il de jours de classe ?

→

Aujourd'hui nous sommes le mardi 8 mars.
Quelle date étions-nous mardi dernier ?

→

Aujourd'hui nous sommes le 15 avril.
Quelle date serons-nous vendredi prochain ?

→

Choisir le bon outil

Date :

Je repère les calculs que je peux faire de tête.

Peux-tu faire le calcul de tête ou dois-tu utiliser la calculatrice ?
Coche la bonne case et **trouve** le résultat.

Calcul		
5 + 15 = ...		
1000 + 1000 = ...		
6 + 6 = ...		
8 + ... = 16		
59 – 38 = ...		
600 + 100 = ...		
25 – .... = 20		
25 + 19 + 69 + 95 + 8 = ...		
Est-ce que 32 est plus grand que 23 ?		
1596 + 3659 + 698 = ...		
128 – 28 = ...		
59648 + 6963 = ...		
7 pour aller à 10, c'est		
.... + 25 = 58		
5 + 5 + 5 + 5 + 5 + 5 + 5 + 5 + 5 + 5 + 5 + 5 = ...		

Mémoire

Écris des calculs que tu connais par cœur.

Des chiffres et des nombres

Date :

J'écris des nombres.

1 **Écris** tous les nombres à trois chiffres que tu peux trouver en utilisant les chiffres 1, 2 et 3.

2 **Complète** avec d'autres nombres que la classe a trouvés.

3 Un groupe devait écrire tous les nombres de trois chiffres avec 4, 7 et 9. **Barre** leurs erreurs.

974 774 999 490 447 476 7 7777 777 947 444

Complète avec d'autres nombres que tu as trouvés :

4 Avec les chiffres 5, 6 et 9, **écris** des nombres qui ont plus de 6 centaines.

La suite écrite

De 10 en 10

Date : ________________________________

Je compte de 10 en 10.

1 **Relie** les nombres de 10 en 10 pour obtenir un dessin.

J'utilise la suite des nombres.

2 **Écris** les nombres du plus petit au plus grand.

70 | 210 | 50 | 30 | 20 | 110 | 120

____

3 **Écris** un nombre qui se termine par un zéro.
Il doit être plus grand que 120 et plus petit que 190.

....

Avec la calculette

Date : ……………………………………

Je trouve l'opération.

1 **Complète** les touches pour que le résultat soit le bon.

1	2	3	+		1	=	154
2	3	+			=	54	
		+	1	0	=	69	
2		+		0	=	46	

2 **Trouve** les opérations qui manquent.
Complète les touches pour que le résultat soit le bon.

4	2		2	5	=	67		
3	7		1	0		3	=	30
2	5		2	0		5	=	0

3 **Calcule** sans la calculette.

2 + 2 + 2 + 2 = ………	4 + 4 + 4 = ………	91 − 2 = ………
15 + 2 = ………	38 + 2 − 2 + 2 − 2 = ………	54 + 2 = ………
19 + 2 = ………	82 − 2 − 2 − 2 = ………	59 + 2 = ………
65 − 2 = ………	41 − 2 − 2 − 2 + 2 = ………	58 + 2 = ………
65 + ……… = 67	99 + 2 + 2 − 2 − 2 = ………	59 − 2 = ………

PÉRIODE 5

SITUATION ESSENTIELLE P. 172

• Appropriation de la situation

ERMEL P. 234

Le nombre-cible des dizaines

Date :

Écris la cible que tu dois atteindre puis les cartes que tu as choisies.

Règle Tu dois atteindre le nombre-cible avec trois cartes (10, 20, …, 60).

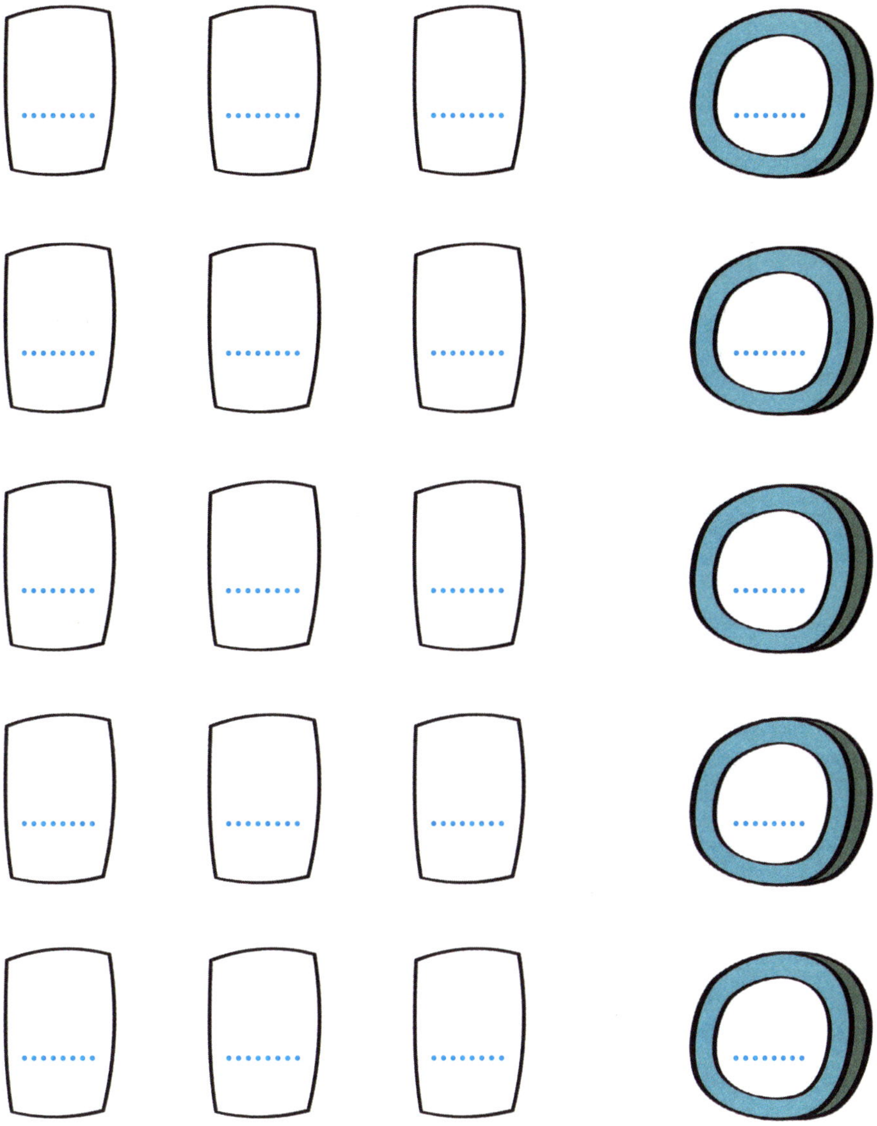

Mémoire

Écris les différentes façons de faire que nous avons trouvées.

Le nombre-cible des dizaines

Date : ____________________

Entoure la ou les cartes restantes qui permettent d'atteindre la cible.

10 30 ? — cible : 80

Cartes restantes :

10 10 20 20 20 40 50

20 ? ? — cible : 50

Cartes restantes :

10 10 20 30 20 40 50

30 ? ? — cible : 70

Cartes restantes :

10 10 20 20 30 40 50

Le nombre-cible des dizaines

Date : ____________________

1 **Entoure** la troisième carte pour atteindre la cible.

Cible	1re carte	2e carte	Cartes restantes
50	10	20	10 20 30 30
60	10	20	10 20 30 40
90	10	40	20 30 40 50
100	40	30	20 30 40 60
110	10	40	10 40 50 60
120	60	40	10 20 40 60

2 **Entoure** trois cartes que tu peux choisir pour atteindre la cible.

Cible	Cartes
50	10 10 10 20 30 40
60	10 20 20 20 30 50
70	10 10 20 30 40 50
100	10 20 30 40 50 70
120	10 20 40 50 60 60
140	10 30 40 50 60 60

PÉRIODE 5
SITUATION ESSENTIELLE P. 175
• Différenciation
ERMEL P. 234

Le nombre-cible des dizaines

Date : ____________________

Pierre n'a pas choisi les bonnes cartes. Pour chaque partie, **barre** une carte et **écris** un tirage possible en dessous en utilisant les cartes de Pierre.

Cible	1re carte	2e carte	3e carte	Cartes restantes
60	30	40	/	10 10 20 30
	....	....	....	
100	50	60	/	10 40 50 60
	....	....	....	
70	20	20	/	10 20 20 40
	....	....	....	
80	10	40	/	10 10 20 50
	....	....	....	
90	40	40	/	20 30 40 60
	....	....	....	
120	60	60	20	10 20 40
	....	....	....	

Le nombre-cible des dizaines

Date : ____________________

1 **Écris** les cartes qui te permettent d'atteindre la cible pour chaque partie. Si ce n'est pas possible, **barre** la ligne.

Cible	1re carte	2e carte	3e carte	Cartes restantes
50	....	....	....	10 10 10 20 30 40
60	....	....	....	10 10 10 20 20 50
60	....	....	....	10 20 20 40 40 50
90	....	....	....	10 10 20 30 40 60
100	....	....	....	10 20 40 40 50 60
130	....	....	....	10 10 30 30 50 60

Si tu as barré des lignes, **explique** pourquoi tu ne pouvais pas atteindre la cible.

____

____

2 **Écris** trois façons d'atteindre la cible 80 avec ces cartes.

Cible	1re carte	2e carte	3e carte	Cartes
80	....	....	....	10 10 20 20 30 40 60
	....	....	....	
	....	....	....	

Carreler une maison

Date :

Complète chaque bon de commande.

BON DE COMMANDE POUR LA CUISINE

Pour carreler la pièce, il faut .... carreaux.

Il faut :

.... paquets de 10 carreaux ;

.... carreaux isolés.

BON DE COMMANDE POUR LA SALLE DE BAINS

Pour carreler la pièce, il faut .... carreaux.

Il faut :

.... paquets de 10 carreaux ;

.... carreaux isolés.

BON DE COMMANDE POUR LA CUISINE ET LA SALLE DE BAINS

Pour carreler les deux pièces, il faut :

.... paquets de 10 carreaux ;

.... carreaux isolés.

Il faut .... carreaux en tout.

Trace

Écris ce que la classe a trouvé.

Carreler une maison

Date : ______________________

1 **Complète** le bon de commande.

BON DE COMMANDE
POUR LA PREMIÈRE CHAMBRE ET LE SALON

Pour carreler la première chambre, il faut 35 carreaux.
Pour carreler le salon, il faut 35 carreaux.
Pour carreler les deux pièces, il faut :

.... paquets de 10 carreaux ;

.... carreaux isolés ;

.... carreaux en tout.

2 **Complète** le bon de commande.

BON DE COMMANDE
POUR LA VÉRANDA ET LA DEUXIÈME CHAMBRE

Pour carreler la véranda, il faut 42 carreaux.
Pour carreler la deuxième chambre, il faut 49 carreaux.
Pour carreler les deux pièces, il faut :

.... paquets de 10 carreaux ;

.... carreaux isolés ;

.... carreaux en tout.

3 **Complète** le bon de commande.

BON DE COMMANDE
POUR LA SALLE DE BAINS ET LES TOILETTES

Pour carreler la salle de bains, il faut 39 carreaux.
Pour carreler les toilettes, il faut 17 carreaux.
Pour carreler les deux pièces, il faut :

.... paquets de 10 carreaux ;

.... carreaux isolés ;

.... carreaux en tout.

Carreler une maison

Date : ____________________

1 **Complète** le bon de commande.

BON COMMANDE
POUR LE HALL ET LA PIÈCE DE RANGEMENT

Pour carreler le hall, il faut 38 carreaux.

Pour carreler la pièce de rangement, il faut 29 carreaux.

Pour carreler les deux pièces, il faut en tout .... carreaux.

Écris comment tu as fait.

____

____

Mémoire

Écris comment la classe a fait.

____

____

____

2 **Complète** le bon de commande.

BON COMMANDE POUR LA TROISIÈME CHAMBRE, LA BUANDERIE ET LE COULOIR

Pour carreler la troisième chambre, il faut 36 carreaux.

Pour carreler la buanderie, il faut 22 carreaux.

Pour carreler le couloir, il faut 48 carreaux.

Pour carreler les trois pièces, il faut en tout .... carreaux.

Écris comment tu as fait.

____

____

Rollers

Date :

Pour équiper Samuel en rollers, son papa l'emmène au magasin d'articles de sport. Le vendeur leur conseille ces rollers à 59 euros et un casque à 28 euros.

Combien le papa de Samuel va-t-il payer au total ?

Mémoire

Écris ce que la classe a fait pour résoudre le problème.

Rollers

Date :

Effectue les calculs.

33 + 45

● **Vérifie** avec ta calculette :

37 + 45

● **Vérifie** avec ta calculette :

Mémoire

Écris comment la classe a fait pour effectuer ces calculs.

PÉRIODE 5
SITUATION ESSENTIELLE P.194
• Applications : additions posées et à poser

Rollers

Date : ....

1 **Effectue** les calculs posés.

25 + 32	52 + 43	28 + 19	35 + 45

- La calculette donne-t-elle le même résultat ?

....

13 + 59	47 + 47	60 + 24	71 + 16

- La calculette donne-t-elle le même résultat ?

....

83 + 19	18 + 80	66 + 47	23 + 76

- La calculette donne-t-elle le même résultat ?

....

2 **Pose** les opérations et **effectue**-les.

45 + 39	25 + 49	74 + 14	55 + 32

Rollers

Date : ....

1 **Complète** les chiffres qui manquent dans les opérations.

3 0	 5	3 0	 5
+ 0	+ 2 5	+ 2	+ 2 4
7 0	4 0	5 0	5 9

● La calculette donne-t-elle le même résultat ?

....

..... 7	6 2	 5	 1
+ 2 4	+ 2	+ 2 7	+ 5 5
6 1	8 6	9 2	7 6

● La calculette donne-t-elle le même résultat ?

....

....	 6	 6	2 .....
+ 2 2	+ 6	+ 6	+ 4
4 4	7 7	8 5	4 0

● La calculette donne-t-elle le même résultat ?

....

2 **Complète** les chiffres qui manquent dans les opérations.

.....5 + 39 = 54

2 ..... + ...9 = 40

Rollers

Date :

1. 29 enfants sont assis dans l'autocar et 17 montent.
Combien seront-ils ?

2. Au jeu de la piste, mon pion est sur la case 19 et je tire la carte 32.
Quel est le numéro de la case où je poserai mon pion ?

3. Pour carreler la cuisine, il me faut 72 carreaux et pour le hall, il m'en faut 26.
Combien me faut-il de carreaux au total ?

Rollers

Date :

1 Nausicaa a 60 euros dans sa tirelire.
Peut-elle acheter une poupée à 32 euros et un dictionnaire à 29 euros ?

2 35 enfants sont assis dans le bus. À l'arrêt « Place du Marché », des enfants montent et personne ne descend. Il y a maintenant 52 enfants dans le bus.
Combien d'enfants sont montés à l'arrêt « Place du Marché » ?

3 Pour carreler la salle de bains, il me faut 56 carreaux. Pour carreler le couloir, il m'en faut 16 et pour carreler la cuisine, il m'en faut 29.
Combien me faut-il de carreaux au total ?

Le dictionnaire des nombres

Date : ....

J'utilise mon dictionnaire des nombres.

1 **Relie** les étiquettes qui correspondent au même nombre.

dix-neuf	57	10 + 9
trente-deux	32	24 + 24
cinquante-sept	23	20 + 1
vingt-et-un	19	50 + 7
quarante-huit	16	20 + 3
seize	21	10 + 1
vingt-trois	11	8 + 8
onze	48	16 + 16

2 **Écris** à quelle page du dictionnaire des nombres se trouve le nombre.

trente-neuf → ....

9 + 9 → ....

20 + 6 → ....

quarante-et-un → ....

31 + 31 → ....

quinze → ....

23 + 9 → ....

Le dictionnaire des nombres

Date : ____________________

Je repère les irrégularités des nombres écrits.

1 **Relie** les étiquettes qui correspondent au même nombre.

quatre-vingt-trois	68	60 + 8
quatre-vingt-treize	83	39 + 39
soixante-dix-huit	78	80 + 3
soixante-huit	93	90 + 3
quatre-vingt-dix-neuf	19	10 + 9
dix-neuf	80	4 + 20
quatre-vingts	99	40 + 40
vingt-quatre	24	90 + 9

2 **Complète** les informations manquantes dans le tableau.

Nombre	Écriture en lettres	Calcul	Page du dictionnaire des nombres
84	.... - .... -	.... + ...	8
....	.... - .... - quinze	.... + 15	9
79	.... - .... -	70 + ...	....
....	soixante - .... -	.... + 1	7
68	.... -	.... + ...	....
....	.... - .... - douze	90 + ...	....

Les fourmillions

Date : ....

Je réunis des collections.

Complète.

● Sur la table, il y a :

Écris le nombre : ....

● On apporte :

Écris le nombre : ....

● **Dessine** ce qui est sur la table après les échanges.

Écris le nombre : ....

Les fourmillions

Date : ....

1 Sur la table, il y a :

● On ajoute du matériel et on fait les échanges.
Maintenant, il y a :

Écris combien de bâtons, de paquets de 10, de 100 et de 1000 ont été apportés.

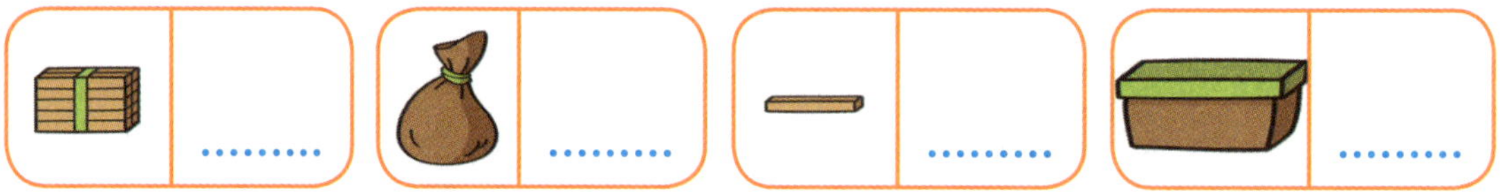

2 Sur la table, j'ai :

Je ne veux plus avoir de paquets de 10.
Écris les bâtons ou les paquets qu'il me faut ajouter.

Petits problèmes avec la calculette

Date : ______________________________

1 La calculette affiche 32.
Comment afficher 62 sans utiliser les touches barrées ?

Tu n'es pas obligé d'utiliser toutes les cases.

● **Écris** les touches que tu utilises.

● **Vérifie** avec ta calculette : ton calcul est-il correct ? **OUI** **NON**

● Anna dit que c'est possible avec seulement 4 touches. Lesquelles ?

2 La calculette affiche 48.
Comment afficher un nombre qui se termine par zéro sans utiliser les touches barrées ?

Tu n'es pas obligé d'utiliser toutes les cases.

● **Écris** les touches que tu utilises.

● **Vérifie** avec ta calculette : ton calcul est-il correct ? **OUI** **NON**

● Achille dit que c'est possible avec seulement 3 touches. Lesquelles ?

Loto des dizaines

Date :

Je sais additionner les dizaines.

1 Voici les cartons de loto qui ont été tirés :

120 + 10 | 30 + 20 | 50 + 50 | 50 + 60

20 + 20 | 70 + 70 | 20 + 50

Colorie ces nombres sur les cartes de loto puis **entoure** la carte gagnante.

50			60	
	80	90		
100		110		130

40		70		
	80		100	
	120	130		140

	40		50	
70		100		
110		130		140

30		50		60
	80		90	
100		120		

2 Le maitre a mélangé les cartons de plusieurs jeux de loto différents.
Colorie de la même couleur les cartons qui font le même nombre.

50 + 60	140	30 + 40	70 + 40	100 + 40
50 + 50	50 + 20	70 + 70	100 + 10	80 + 50
30 + 70	60 + 10	90 + 20	60 + 40	70

Mémoire

Écris toutes les façons que tu peux trouver pour faire 100 avec deux « dizaines ».

Table d'additions

Date :

Je mémorise les tables d'additions.

1 **Écris** le résultat dans les cases jaunes : en bleu si tu les connais par cœur, au crayon si tu peux les retrouver même si tu ne les connais pas encore par cœur.

+	0	1	2	3	4	5	6	7	8	9
0										
1										
2										
3										
4										
5										
6										
7										
8										
9										

Je repère les propriétés de la table d'additions.

2 **Entoure** en vert tous les résultats des doubles : 1 + 1 / 2 + 2 / …
Que remarques-tu ?

3 **Que remarques-tu** pour les deux cases encadrées en bleu ?

Table d'additions

Date : ____________________

Je mémorise les tables d'additions.

1 **Remplis** ces tableaux d'additions.

+	4	5	6	7
3				
4				
5				
6				
7				

+	2	3	4	5
5				
6				
7				
8				
9				

2 **Remplis** ces tableaux d'additions.

+	2	1	5	9
2				
4				
3				
8				
5				
6				

+	5	7	8	4
6				
9				
1				
8				
7				
2				

Labynombre de 2 en 2

Date : ______________________________

1 **Colorie** le chemin pour trouver la sortie en comptant de 2 en 2.

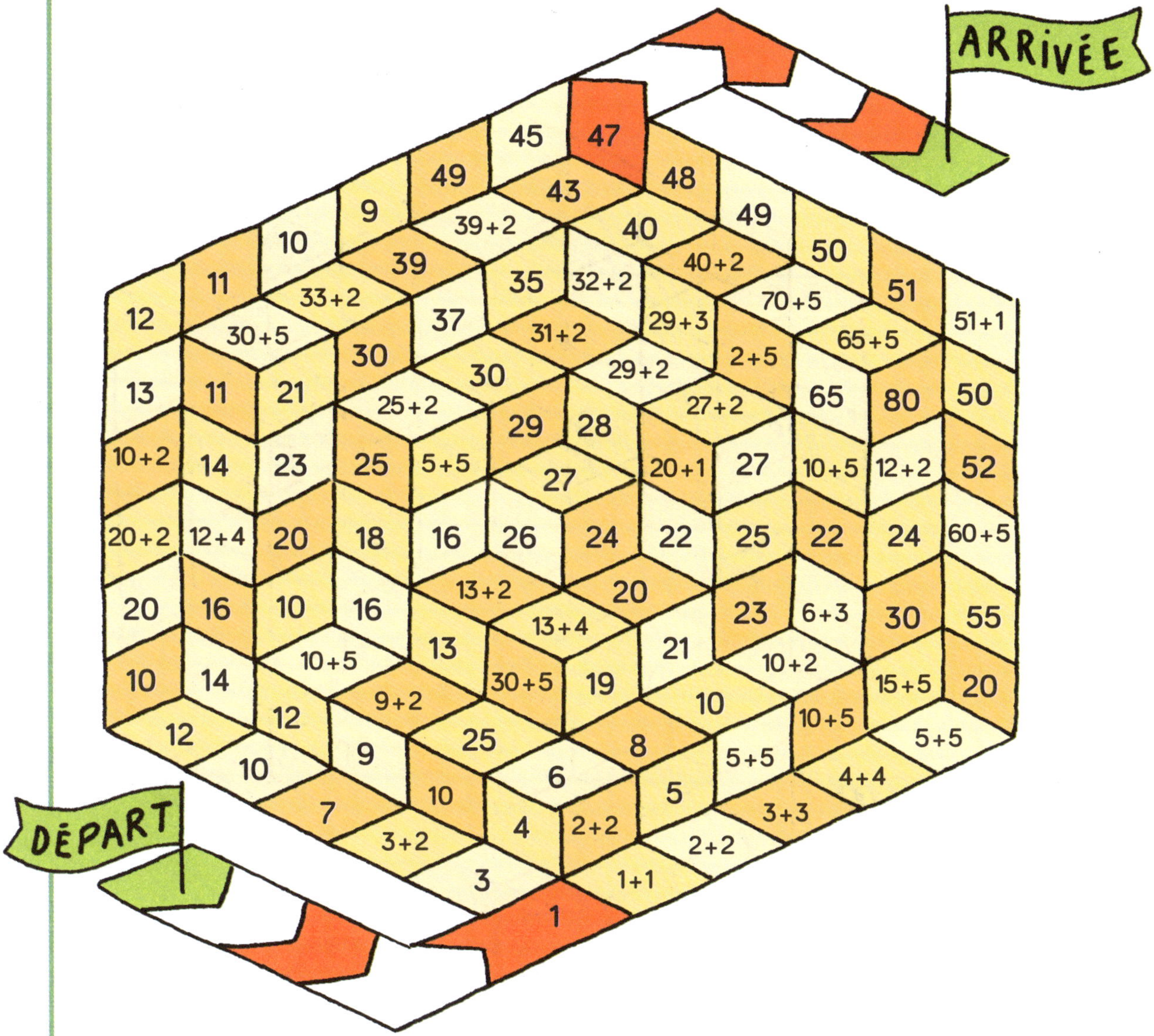

2 **Trouve** les opérations manquantes.

85 ☐ 2 ☐ 2 ☐ 2 ☐ 2 = 89

77 ☐ 2 ☐ 2 ☐ 2 ☐ 2 ☐ 2 = 83

98 ☐ 2 ☐ 2 ☐ 2 = 100

Labynombre : ce qui fait 100

Date :

1 **Colorie** le chemin pour trouver la sortie en ne passant que par les cases qui font 100.

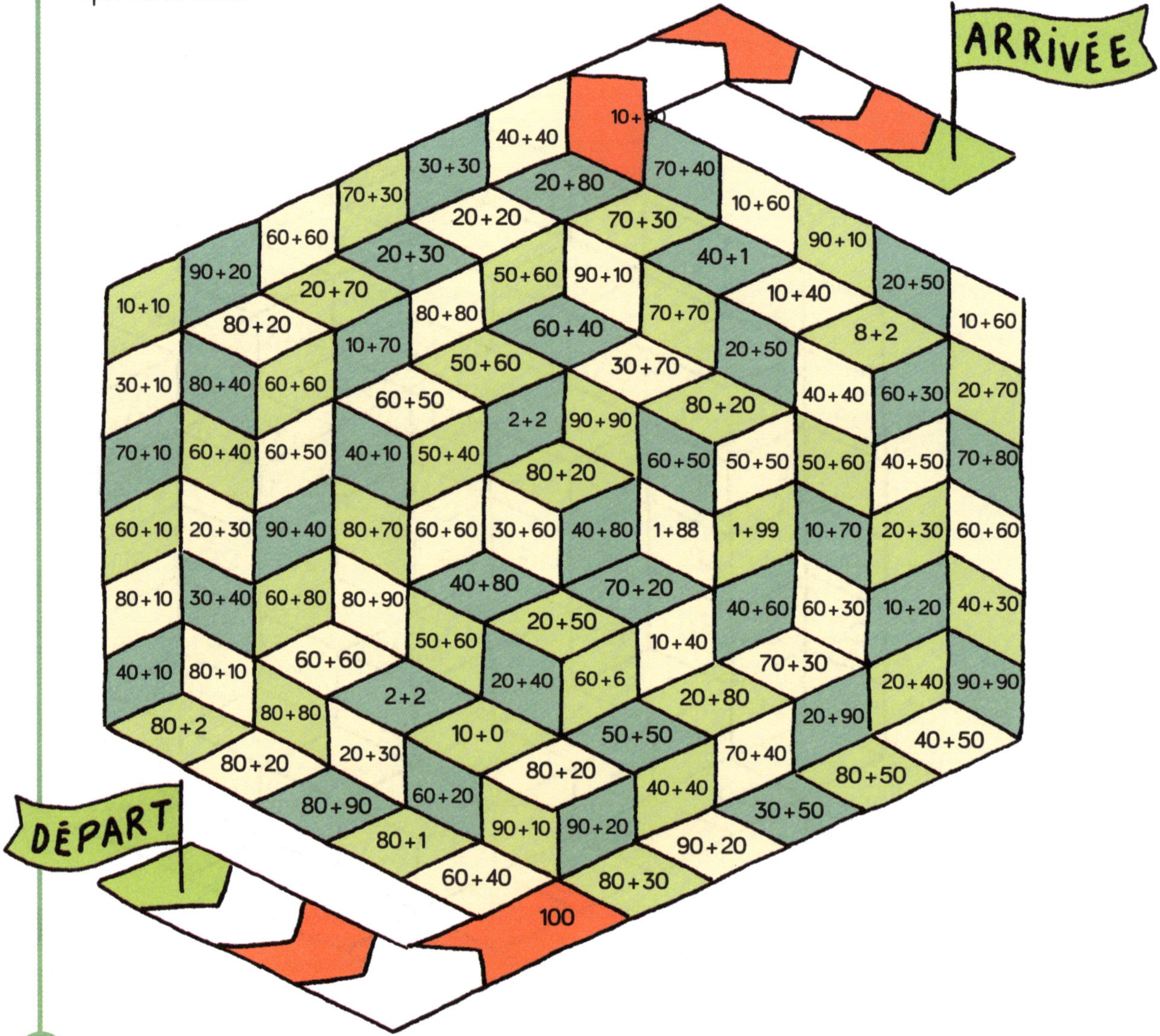

2 **Écris** tous les calculs différents qui font 100 dans ce labynombre.

3 **Continue** la suite des nombres de 10 en 10.

2 / 12 / 22

4 **Continue** la suite des nombres de 10 en 10 à l'envers.

95 / 85

Patchwork doubles et différences

Date : ______________________

Je mémorise les doubles. Je fais des soustractions.

1 **Colorie** en respectant la règle.

Règle
- 🔴 Le résultat se termine par un 5.
- 🟢 Le résultat se termine par un 0.
- 🔵 Le résultat ne se termine ni par un 5 ni par 0.

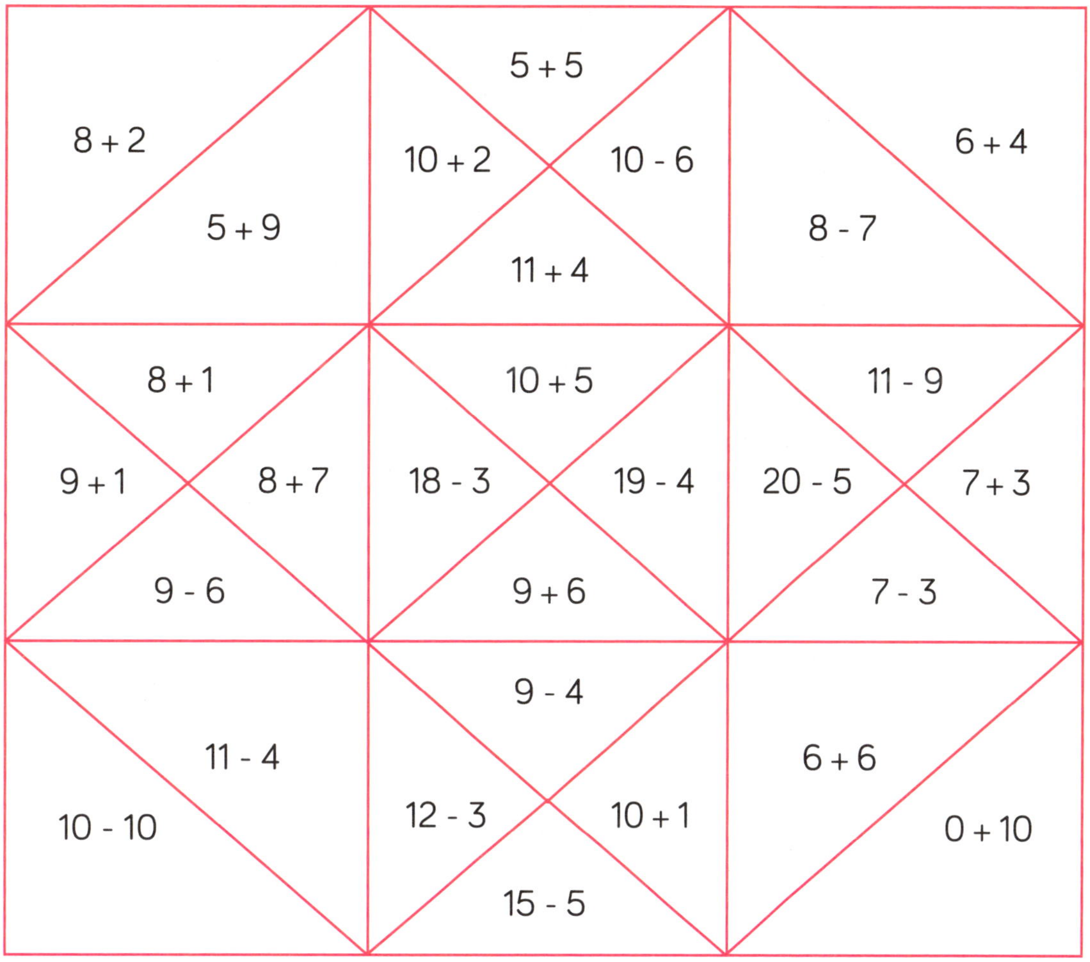

2 **Écris** des doubles avec des nombres qui se finissent par 0.

10 + 10 = 20 ______________________

____

3 **Continue** les suites en écrivant à chaque fois le double du nombre précédent.

2 / 4 / 8 / ___ / ___ / ___ / ___ /

5 / 10 / 20 / ___ / ___ / ___ / ___ /

Hexanombre

Date : ....

Je me déplace sur la piste numérique.

1 **Colorie** le chemin qui te permet de traverser le labyrinthe en comptant de 1 en 1.

2 **Remets** tous les mots dans le bon ordre pour trouver l'écriture du nombre. Puis **écris** le nombre en lettres et en chiffres.

Mots	Nombre en lettres	Nombre en chiffres
quatre / huit / dix / vingt	....	....
neuf / dix / soixante	....	....
quatre / seize / vingt	....	....

L'autocar

Date :

Je résous un problème à étapes en utilisant des opérations.

Mardi matin, comme tous les autres matins, j'ai pris l'autocar qui amène les enfants de ma cité à l'école.
Quand il est arrivé, il avait à son bord 23 enfants de la « Cité des Fleurs ».
Je suis alors monté en même temps que 5 autres enfants.
Le chauffeur a aussitôt refermé la porte et a redémarré.
À l'arrêt de la « Cité des Oiseaux », 12 enfants attendaient et ils sont tous montés. À l'arrêt suivant, en face de l'école Paul Langevin, 18 enfants sont descendus et les 8 enfants qui attendaient sont montés.
Puis l'autocar est reparti jusqu'à mon école.
Mais au fait, combien sommes-nous maintenant dans l'autocar ?

Mémoire

Écris comment notre classe a résolu le problème.

Le problème peut-il être résolu ?

Date :

Je sais si j'ai assez d'informations pour résoudre un problème.

Résous le problème ou si tu penses qu'il ne peut pas être résolu, **explique pourquoi**.

La boite noire est vide. Je mets des objets dans la boite noire. Puis j'en enlève 95. Maintenant elle est vide. **Combien ai-je ajouté d'objets dans la boite noire ?**

La boite noire est vide. Je mets des objets dans la boite noire. Puis j'en enlève 32. **Combien reste-t-il d'objets dans la boite noire ?**

La boite noire est vide. Je mets 546 bâtons dans la boite noire. J'en enlève 256. **Combien reste-t-il de bâtons dans la boite noire ?**

Un poisson rouge mange 5 granulés par jour. Un poisson noir mange 6 granulés par jour. **Combien de granulés faut-il donner chaque jour pour nourrir 2 poissons noirs et 1 poisson rouge ?**

Puzzle

Date : ____________________

1 **Colorie** chaque case selon la règle puis **écris** ce que le puzzle représente.

Règle
- 🟡 Le résultat se termine par 0.
- 🟤 Le résultat se termine par un autre chiffre.

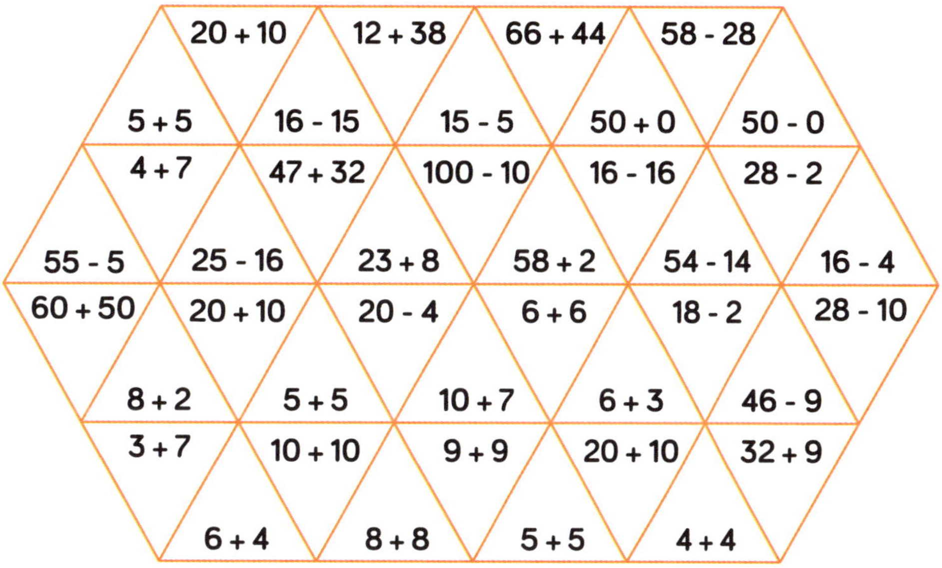

Le puzzle colorié représente ....

2 **Colorie** selon la règle.

Règle
- 🟢 Le résultat se termine par 1.
- 🟣 Le résultat se termine par 9.
- 🟠 Le résultat se termine par 0.
- 🔵 Le résultat se termine par 2, 3, 4, 5, 6, 7, 8.

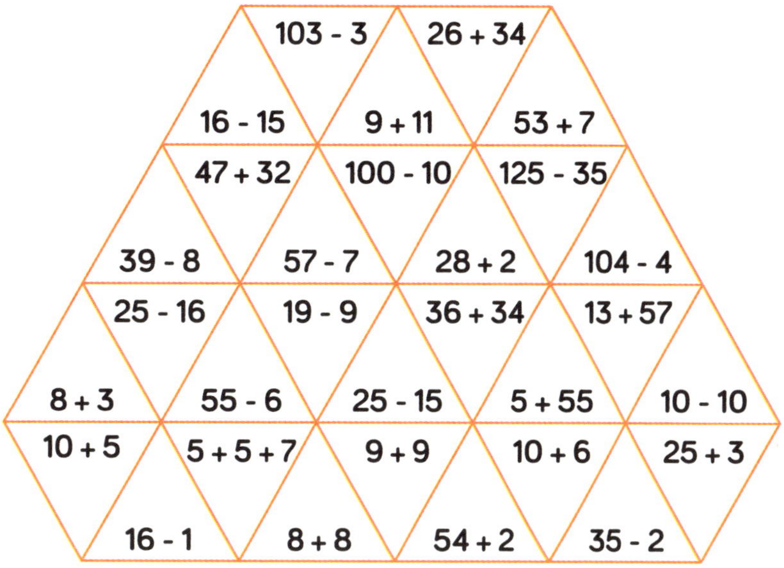

Utilisation des annexes et du matériel

UTILISATION DES FICHES « DICTÉES DE NOMBRES » ET « CALCULS »

Une partie importante des activités d'accompagnement sur la comptine numérique se déroule à l'oral, notamment en période 1.
Pour garder trace de ses activités et amener l'élève à se rendre compte de ses progrès, nous proposons de conserver une trace de certains exercices oraux : à chaque séance de travail, l'élève écrit les résultats dans une ligne et compte le nombre de bonnes réponses (son score, ce n'est pas une note).
Ces fiches peuvent être photocopiées et utilisées dans différentes situations de calcul mental.

L'exemple de la dictée de nombres : l'enseignant donne le nom d'un nombre à l'oral et l'élève doit l'écrire. L'enseignant affiche ensuite la réponse. L'élève note en dessous la bonne réponse.
À la fin de chaque séance, il note son score :

Date	Nombre	Nombre	Nombre	Nombre	Nombre	Nombre	Nombre	Nombre	Nombre	Score
10/09	5	11	4	~~9~~	~~16~~	~~13~~	17			4
Réponse	5	11	4	6	6	16	17			7
Réponse										

PRÉCISIONS CONCERNANT LE MATÉRIEL DÉTACHABLE

Ce cahier comporte une partie « matériel détachable » : une bande numérique individuelle, des bandes pour construire le tableau des nombres et deux puzzles de tableau, le matériel à coller sur les mosaïques et les camions, un compteur à tour, un jeu de cartes recto-verso et des pièces et billets pour travailler la monnaie.
Il est important que l'élève s'approprie ce matériel individuel. Nous suggérons qu'il puisse emporter les jeux (puzzle et cartes recto-verso) chez lui.

La bande numérique individuelle est conçue pour être construite progressivement par les élèves, dès le début du CP. Elle reste à disposition de l'élève :

- comme une ressource pour dire les nombres (réciter la comptine numérique) en associant les mots-nombres prononcés et leur écriture chiffrée ;
- comme un support pour calculer.

Les deux puzzles du tableau des nombres : l'un est collé dans le cahier (p. 47), l'autre pourra être mis dans une enveloppe pour que l'élève s'entraine à le reconstituer et l'emporte chez lui.

Le compteur à roues se construit avec les élèves, en période 4 (voir *Essentielles* p. 143) au moyen d'attaches parisiennes. Il sera conservé comme outil pour calculer avec les groupements par 10, 100…

La monnaie pourra être introduite dans la situation éponyme. Nous avons fait le choix d'ajouter des billets de 10 euros, non utilisés directement dans la situation essentielle mais qui pourront être utilisés dans des situations d'entrainement de type « jeu de la marchande » pour faire des échanges, acheter des objets à un vendeur.
Le jeu de cartes recto-verso, une fois détaché, sera mis dans une enveloppe. L'élève pourra ainsi jouer avec ses camarades mais aussi hors de la classe.

Dictées de nombres

Date	Nombre	Nombre	Nombre	Nombre	Nombre	Nombre	Nombre	Nombre	Nombre	Score
Réponse										
Réponse										
Réponse										
Réponse										
Réponse										
Réponse										
Réponse										
Réponse										
Réponse										

Calculs : ....

Date	Résultat	Résultat	Résultat	Résultat	Résultat	Résultat	Résultat	Résultat	Résultat	Score
Réponse										
Réponse										
Réponse										
Réponse										
Réponse										
Réponse										
Réponse										
Réponse										
Réponse										

Piste numérique

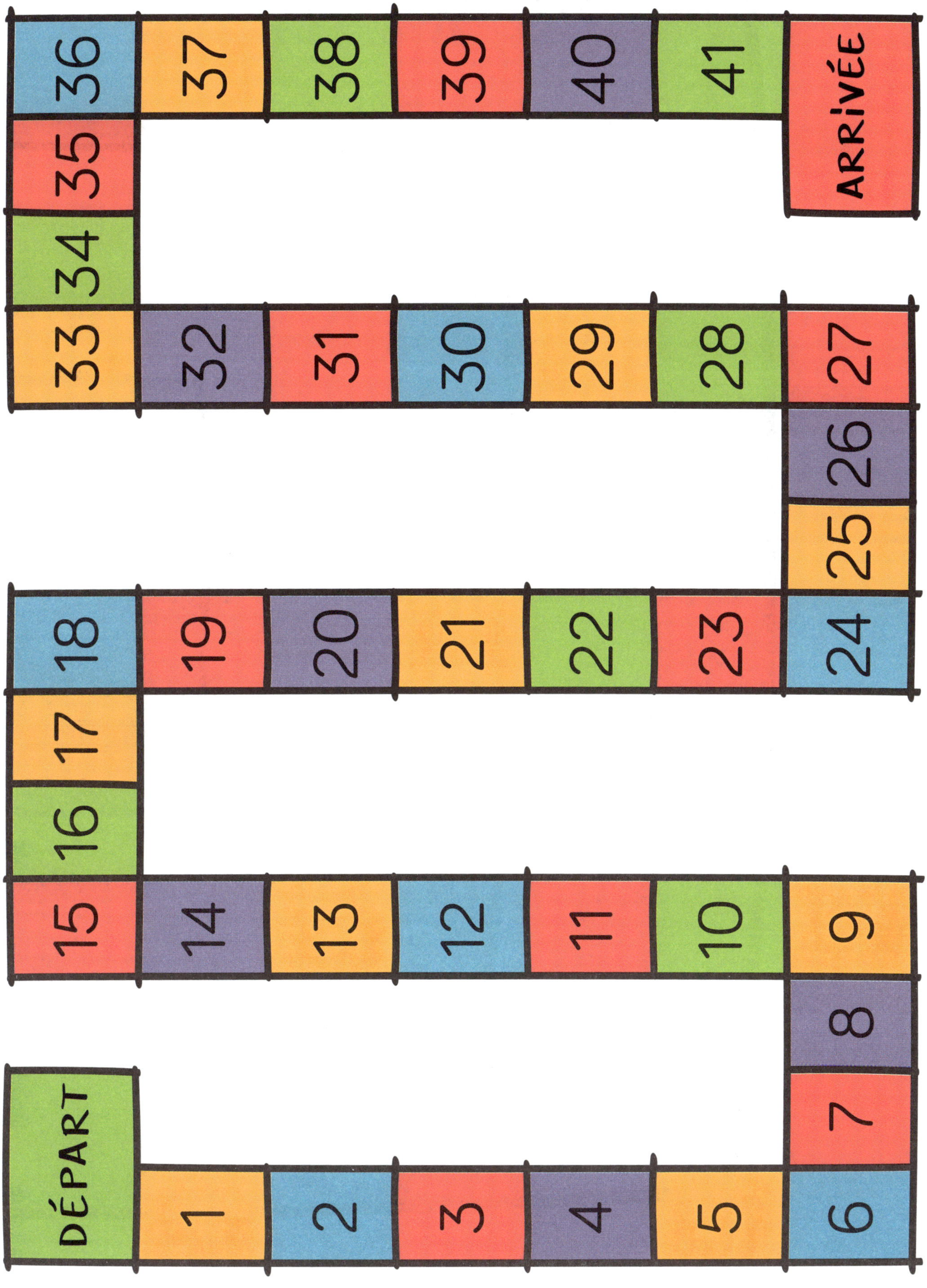

Marelle

2
9
7
3

Table d'additions

+	0	1	2	3	4	5	6	7	8	9
0										
1										
2										
3										
4										
5										
6										
7										
8										
9										

Achevé d'imprimer en France par Loire Offset Titoulet
Dépôt légal n° 00029-2/01 - Février 2017

	1	2	3	4	5	6	7	8	9
10	11	12	13	14	15	16	17	18	19
20	21	22	23	24	25	26	27	28	29
30	31	32	33	34	35	36	37	38	39
40	41	42	43	44	45	46	47	48	49
50	51	52	53	54	55	56	57	58	59
60	61	62	63	64	65	66	67	68	69
70	71	72	73	74	75	76	77	78	79
80	81	82	83	84	85	86	87	88	89
90	91	92	93	94	95	96	97	98	99
100	101	102	103	104	105	106	107	108	109

				1	2	3	4	5	6	7	8	9
8	9	10	11	12	13	14	15	16	17	18	19	20
18	19	20	21	22	23	24	25	26	27	28		
30	31	32	33	34	35	36	37	38	39	40	41	
42	43	44	45	46	47	48	49	50	51	52	53	
52	53	54	55	56	57	58	59	60				
60	61	62	63	64	65	66	67	68	69			
71	72	73	74	75	76	77	78	79	80	81	82	83
83	84	85	86	87	88	89	90	91	92	93	94	95
96	97	98	99									

L'enseignant indique si l'élève colle le puzzle 1 ou le 2 dans son cahier.
Le puzzle restant est placé dans une enveloppe pour jouer à l'école ou à la maison.

0	1	2	3	4	5	6	7	8	9
10	11	12	13	14	15	16	17	18	19
20	21	22	23	24	25	26	27	28	29
30	31	32	33	34	35	36	37	38	39
40	41	42	43	44	45	46	47	48	49
50	51	52	53	54	55	56	57	58	59
60	61	62	63	64	65	66	67	68	69
70	71	72	73	74	75	76	77	78	79
80	81	82	83	84	85	86	87	88	89
90	91	92	93	94	95	96	97	98	99

0	1	2	3	4	5	6	7	8	9
10	11	12	13	14	15	16	17	18	19
20	21	22	23	24	25	26	27	28	29
30	31	32	33	34	35	36	37	38	39
40	41	42	43	44	45	46	47	48	49
50	51	52	53	54	55	56	57	58	59
60	61	62	63	64	65	66	67	68	69
70	71	72	73	74	75	76	77	78	79
80	81	82	83	84	85	86	87	88	89
90	91	92	93	94	95	96	97	98	99

2 1 0 9 8 7 6 5 4 3
2 1 0 9 8 7 6 5 4 3
2 1 0 9 8 7 6 5 4 3
2 1 0 9 8 7 6 5 4 3

3 + 7	6 → 10	3 + 2	5 → 9
5 + 3	2 + 8	7 → 10	3 → 10
5 → 7	4 → 10	6 + 4	5 → 10

8 + 8	5 → 10	5 + 5	3 + 3
4 + 4	9 + 9	6 → 12	7 + 7
6 + 6	2 + 2	2 → 4	4 → 8

Ermel CP 4	Ermel CP 14	Ermel CP 6
Ermel CP 2	Ermel CP 6	Ermel CP 10
Ermel CP 4	Ermel CP 18	Ermel CP 5
Ermel CP 12	Ermel CP 8	Ermel CP 16

Ermel CP 5	Ermel CP 7	Ermel CP 4
Ermel CP 10	Ermel CP 3	Ermel CP 5
Ermel CP 6	Ermel CP 10	Ermel CP 4
Ermel CP 2	Ermel CP 8	Ermel CP 10

page 12

page 13

page 14

Ermel CE1 ● **Planche 7** : Pièces de 1 euro et billets de 5 euros

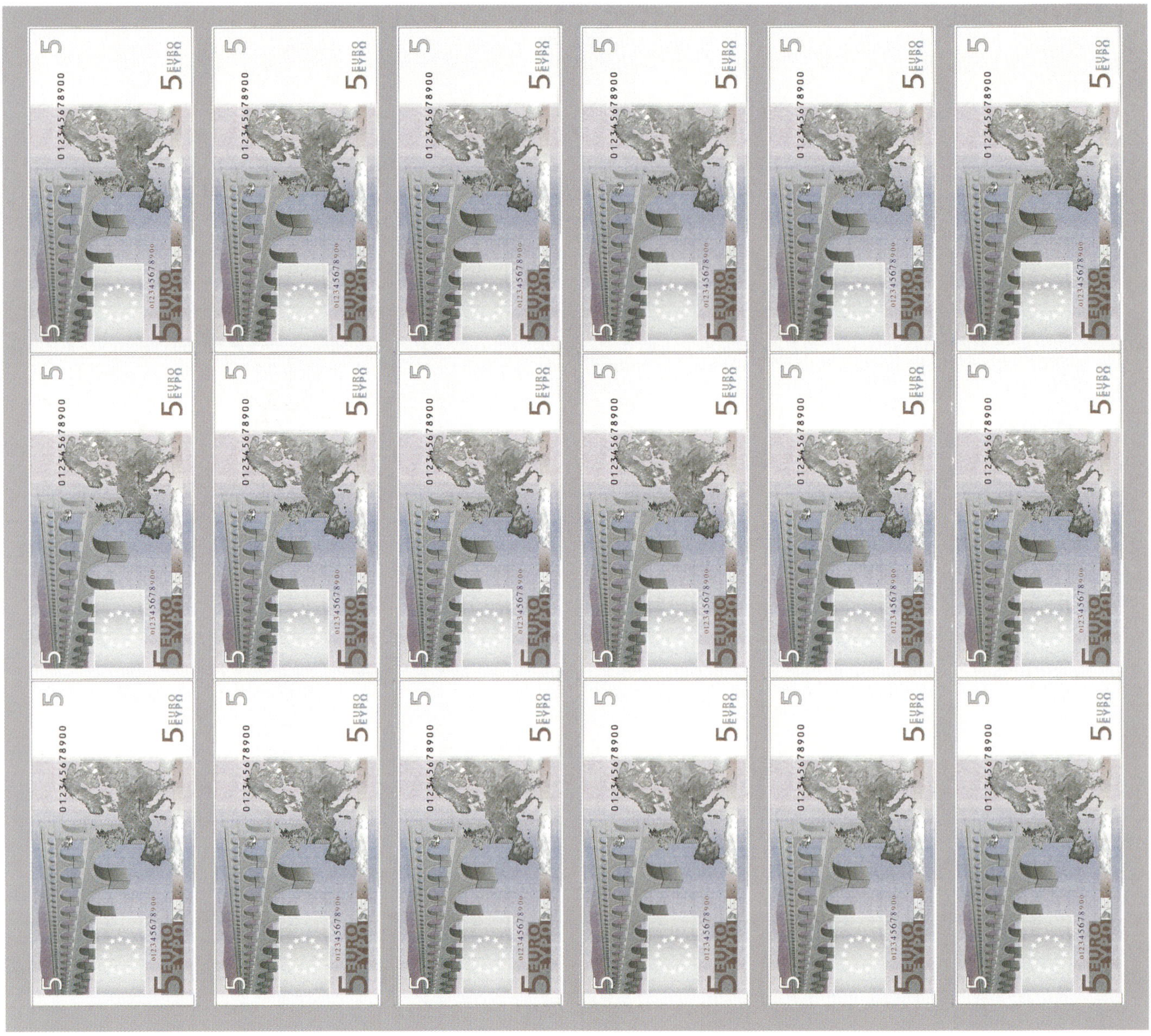
5
EURO
EYPO
012345678900

Ermel CE1 ● **Planche 8** : Pièces de 2 euros et billets de 10 euros

10
012345678900
10 EURO ΕΥΡΩ